想愛好難，你該怎麼辦？
拆解愛情，跟著專家上一堂超人氣

愛情學

高松景——著

愛是需要學習的情操

　　「問世間情為何物，直叫人生死相許？」愛情是亙古以來不退流行的話題。「你早已成為我靈魂的一部分，我的影子裡有你的影子，我的聲音裡有你的聲音，我的心裡有你的心；魚不能沒有水，人不能沒有氧氣；我不能沒有你的愛。」「我將於茫茫人海尋找我唯一之靈魂伴侶，得之，我幸，不得，我命。」這是徐志摩的詩句，他一生追求愛、自由與美，但他的三段戀愛都不得善終。可以肯定的是，人是感情的動物，生活在感情的世界裡，我們都是有靈的活人，害怕孤單、寂寞，需要被愛與愛人。

　　從字面上，許多人以為性教育只教性生理，這可能是很早以前的過去式，因此美國人特別造了一個字「sexuality」，

有別於 sex，我們將這個字譯為「全人的性」；而英國稱其為性與關係教育（sexuality and relationship education）。

　　性／全人性教育（sexuality education）本質上就是一種情感關係教育，目的在發揚「人性」，教人成「人」，所以性教育是一種「愛的教育」，我認為在華人中最適合稱它為「情感關係與性教育」，一則易為大眾接受，二則不會忽略「性」的影響。

　　戀愛不應是盲目的賭局，根據1988年史登柏格（Sternberg）的愛情三因論，愛情包含了：

1. **生理上的「激情」（passion）**，主要是「性」吸引力所引起的情緒。

2. **心理上的「親密」（intimacy）**，指相互扶持的情慾和「愛情」中的溫馨行為。

3. **社會上的「承諾」（commitment）**，指關係賦予的社會性意義，如「婚姻」。

　　那麼，「愛情」到底需不需要教？由於愛不是「與生俱來」的，所以它是需要學習的情操。健康的親密關係需透過學習建立長期而穩定的關係，而我們大多是看愛情小說和偶

像劇長大的！佛洛伊德（Freud）說，許多國家都致力在為人民的職涯做準備，教導年輕人學習準備去愛卻做得不多，甚至是沒有。

本書作者高松景教授，臺灣師範大學衛生教育系畢業，跟著我完成碩士和博士論文，都是性教育相關主題，亦曾擔任過台北市北政國中和大理高中校長，正要被重用時，卻急流勇退，進到學術界，在台師大師資培育學院任教，大概是中學校長退休又進入國立大學任教之極少數的人。作者有著極高的理想，想要跨學科的整合「愛情學」，明知不容易還努力為之。

我們的專業是行為科學中之健康教育，不僅是文學上的歌頌愛情，作者還努力涉獵哲學、心理學等傳統研究愛情的領域，希望統整出能幫助青年人，尤其是大學生、研究生的通識教育。作者花了六年的時間形塑這本書，在師大等幾所大學開設「愛情學」通識課，替大家閱讀了許多跟愛情有關的著作、研究，甚至是學生熟悉的電影、電視劇、流行歌曲等，以學理和實務的方式，盡量輕鬆地呈現這本書，相信對正值戀愛年齡的學生和關心的老師、家長們一定很有幫助！

期待與人建立有意義的愛與連結是大家的共同心聲，

但親密關係是最困難、最複雜的關係，因為跟對方親近很容易受傷，不跟對方親近又覺得孤寂。人與人之間越親密，就越容易發生衝突，幸福關鍵在有無處理差異和解決爭執的方法。不要一味爭贏，贏了「理」，卻輸了「情」，而是要讓對方感受到被愛和被尊重。

美國西北大學黃維仁教授，在他的著作《傾聽就是愛》中說，原生家庭影響我們如何去表達愛、感受愛，以及如何處理衝突。當我們沒有感受到愛時，並不代表別人沒有試著愛我們；當我們覺得受傷時，並不等於別人故意要傷害我們。他同時又說，一個真正高品質的親密關係，需要經過誤解、傷害、饒恕、修復後才能建立起來。因為傷痛加上怪罪（攻擊）等於「關係殺手」，而傷痛減去怪罪（饒恕）等於親密關係。可見得它是一門多大的學問！

盼望作者持續研究下去，因為在學習「愛情」之前，需要在家庭中學習「親情」和在學校中學習「友情」。從幼兒開始就要學習為自己的情緒負責，也就是了解自己，所以它是「生命教育」。每個人都有心理上特別不安全的區域（俗稱禁區），過去所受到的心靈創傷，很容易在進入愛情和親子關係時被激發出來。情感智慧商數（EQ）高的人懂得為

自己的情緒負責，學習自我成長。

這本書可以說是「千呼萬喚」始出來，要大大的恭喜作者，有那麼大的毅力花了那麼多的時間和精力來完成，相信可造福許多年輕人，尤其是大學生，也更充實了「情感關係與性教育」的內涵。

晏涵文

國立臺灣師範大學健康促進與衛生教育學系名譽教授
財團法人杏陵醫學基金會董事長
台灣性教育學會名譽理事長

愛情原理的知識性拆解與實踐性重建

　　松景是國內少有的「全人性教育」專家，而全人性教育的要義，質言之就是性教育必延伸、蘊涵全盤的愛的教育。因此松景從他的業師晏涵文教授獲得全人性教育的良好奠基之後，更長期向我探詢、修習有關愛情心性學的層層義理。如果將西方知識性的心理學比喻為外功，中國實踐性的心性學比喻為內功，那麼松景在愛情這個領域，顯然將成為內外兼修的少見高手。而這一本新書就是他中西兼顧的學養呈現。

　　當然，由於松景的學術背景，畢竟是西方的心理學，對廣泛徵引心理學的理論來解釋愛情現象，可說是駕輕就熟；更不用說這完全符合當前學界的主流趨勢。因此本書閱讀起

來，是清楚明白容易理解的，更有明確的階段步驟、行動準則可供遵從；例如把愛情活動的內涵分為五項原理，然後逐步予以拆解（投射原理、收回投射原理、溝通原理、創造性原理和自性化原理），就是一個非常好的設計。甚至把本書視為談戀愛的行動手冊也未嘗不可，總之就是一本很好的戀愛入門書啦！

至於中國傳統的心性學（我的愛情學被我定位為「傳統心性學的現代形態」），一方面由於它本質上不是一種科學（方法論上採分析思維），而是一種「玄學」（方法論上採辯證思維），也可以說西方哲學近科學而中國哲學近文學，所以不容易用定義明確的概念語言來表述，而毋寧說更經常用變化多端的象徵語言來指點。若沒有對生命的深刻體驗與對語言的敏銳感應，很難恰當表達。另一方面，在同一文章中雜用嚴謹的概念語言與精妙的象徵語言，很容易形成扞格，反而造成閱讀的障礙。所以松景在本書的寫作上，內涵上雖然深受我的愛情心性學的影響，但在行文上只在要緊處適時借用我的話來說明，而極少指名引用，就更不用說廣引孔孟老莊來印證了！雖然松景在徵引西方心理學的理論時，在關鍵處引用的其實已經是最接近中國心性學的理論與大家，如全人性教育、人本心理學，如弗洛姆、榮格，尤其是

榮格的影子人格與集體潛意識之說。但無法充分運用中國心性學的資源，仍不能不說是一點遺憾。對此我當然沒有任何責備之意，只視之為中西文化學術融合歷程中的暫時過渡。因此我不免泛起一個有趣的想法：若用榮格影子人格來詮釋，莫不成在愛情學的發展上，愛情心性學（內功）也正是隱藏在愛情心理學（外功）背後的影子人格，而有待一步步去開發呢！

的確，在松景這本書中已有提到但尚未有暇深入發掘、充分展開的重要理念其實還不少。例如榮格的集體潛意識，若順著這線索去深入探討，就會碰觸到中國哲學的基本肯定，就是人之性善或人性的普遍常道，也就是人天生有為善能力（創造性與實踐性的愛）的良知良能，就是博愛眾生的道德理想，就是終極的天理，即天人合一的圓滿境界。另外，談到集體潛意識的發露（如愛情發生的浪漫觸動），不能忽略榮格說的「共時性」，其關鍵要義就是眼前獨一無二的生命實存及其當機偶然性，這正是愛情最動人的體驗（所謂剎那永恆），也是中國傳統心性學的主眼所在。再如愛情五原理的最後一項自性化原理，正是愛情生活必求其兩位一體的自我實現的總歸宿，且必然由此引申到博愛天下所有人的無限推擴與實踐。但這在本書都只能點到為止了！

當然，如前所說，本書的定位本來就是一本戀愛行動手冊或基礎入門書，能藉此讓讀者獲得愛情領域的基礎觀念與正確方向，就已算大功一件了！至於更進一步的探討與展開，由知識性的拆解更過渡到實踐性的重建，就期待松景日後的另一本大作罷！所謂「春秋責備賢者」，就讓我們在預祝本書應運暢銷之餘，更拭目以待來者的及早降臨。

曾昭旭

淡江大學中文系榮譽教授

聯合推薦

　　「愛情是抽象的，也是實際的；親密關係是浪漫的，也是有衝突的。高教授對親密關係有深入的研究，應用心理學相關理論，並創立新理論，再加上長期的教學經驗，與學生的接觸、訪談，以及數千場的演講，已成為台灣著名的愛情學大師。本書列舉許多愛情案例，實務中帶出理論，文字深入淺出，分析明確易懂。有愛情困擾者，閱讀後茅塞頓開，愛情平順者則可奠定穩固基礎；而教育師、心理師更可以應用於平日教學與諮商中。我強力推薦這本愛情心理學寶典。」

林蕙瑛

資深婚姻諮商專家、東吳大學心理系兼任副教授

以專業理論佐以現代男女的愛情困境，一一解析其中的問題所在，讓讀者在勇於求愛的過程，多了明白和智慧。可以愛，但可別費盡心思做錯選擇，書中提及的「真愛始於收回投射」、「增進親密關係的溝通技巧」、「起飛之前先學降落——好好分手」，和「愛情的自性化原理」等等，都是一語道破戀愛的粉紅泡泡，唯有弄明白，才能有脫身之計和學習成長的機會，愛情就不會苦澀難堪了。

吳娟瑜
兩性專家

　　「愛情是上天賜與人類最棒的禮物，是一生最浪漫的修煉。」感佩高教授推展「全人性教育」不遺餘力。在書中，藉由闡釋愛情的本質和五個愛情原理，引導人藉此產生愛的價值感和幸福感！誠摯推薦這本深具新知和啟發性的佳作，將引領讀者修煉最真摯的愛情，獲得真正的愛與幸福。

黃昉鈺
聯嘉光電總經理

松景兄學經歷豐富，這本書是他在台灣師範大學所開設「愛情學」通識課，經歷六年與大學生的教學與互動之下的結晶，深入淺出、案例與解析都非常有趣到位，我不但佩服，也強烈推薦大家能買書閱讀，必有重大收穫！

楊聰財
楊聰才身心診所院長、華人情感教育發展協會理事長

每次在校園巧遇高教授，他總是充滿活力的打招呼，喜孜孜的分享他開授通識課「愛情學」的課堂點滴。這是「愛情學」這門通識課的精華版，結合了理論與個案研究，討論愛情的本質與變質，在這個速食愛情的年代更發人省思。開一次「愛情學」只能影響一班約五十個學生，將「愛情學」這門課的精華出版成書，其影響的效應是百倍甚至千倍！

鄭怡庭
臺灣師範大學通識中心主任

CONTENTS 目錄

推薦序　　愛是需要學習的情操／晏涵文　　　　　　　　3

推薦序　　愛情原理的知識性拆解與實踐性重建／曾昭旭　　9

聯合推薦　　　　　　　　　　　　　　　　　　　　　　13

前言　　　拆解愛情原理回歸愛的本質　　　　　　　　　19

Chapter 1

破解愛情——愛情的模樣

第一章　　不要相信愛情！我們需要拆解愛情原理　　　　31

第二章　　愛無能世代！找回愛的能力　　　　　　　　　51

第三章　　如何脫魯？開啟一段親密關係　　　　　　　　65

第四章　　愛情是怎樣發生的呢？愛上一個人是一種投射　83

Chapter 2

滋養愛情——愛情的經營

第五章　　親密關係為何會有「衝突」？真愛始於收回投射　107

第六章　　情侶吵架怎麼辦？戀愛的溝通態度與課題　　　127

第七章　為何對方總是不了解我？增進親密關係的溝通技巧

145

第八章　無法自拔的戀情──愛情病理學　　　　　　163

第九章　性愛選擇題──區分性吸引與真正的愛　　181

Chapter **3**

回歸愛情──愛情的實踐

第十章　愛情沒有對錯只有真假──真誠面對愛情的

「誤區」　　　　　　　　　　　　　201

第十一章　起飛之前先學降落──好好分手　　　213

第十二章　談戀愛一定要走入婚姻嗎？愛情的承諾與創造　237

第十三章　為何要結婚呢？愛情的自性化原理　　251

拆解愛情原理回歸愛的本質

你對愛情理解還是不理解？

我們需要一本「愛情學」自學書籍

　　我在師範大學開設「愛情學」通識課，六年來不停跟學生在課堂探討年輕人的感情痛點。為何我會想在大學開設「愛情學」呢？我個人在大學時歷經多次感情挫敗經驗，為了尋找對愛情疑惑的解答，經常到處聽有關愛情主題的演講，後來在大三時修晏涵文教授的性教育，才知道原來愛情是性教育所要探討的內容，也因此性教育成為我後來讀研究所專研的領域。台師大畢業後在國高中服務三十年，就在我擔任台北市大理高中校長四年任期滿、即將要連任或轉任時，內心突然出現一個聲音，該是到大學開設愛情學通識

課、專注探討愛情這個令大多數人感到「迷惘」的生命課題的時候了。

確實許多人都渴望能擁有真正的愛情，卻不得其門而入，現有的學校課程亦未能提供有系統的教導，只能經由電影、偶像劇或小說等獲得零碎、間接的經驗；儘管有些人經歷過幾場分手收場的戀愛經歷，但關於什麼是真正的愛情，仍舊「茫然」。因此我選擇在 52 歲從校長退休，從性教育的專業來探討愛情，感謝淡江及銘傳大學讓我同時在校開設與愛情主題相關的情感教育通識課，後來到台師大任教更以「愛情學」為課程名稱開設通識課。

而今出版是為了拋磚引玉，同時也想分享給對這門課有興趣但未能參與學習的人，可有一本有系統且適合個人自主學習愛情的書籍。

我們要從愛中獲得什麼？拆解愛情原理

什麼是「愛」？「喜歡」為何不是「愛」？愛情可以相信嗎？許多人談愛受傷，甚至不再相信愛情，但世人為何仍歌頌愛情？前仆後繼地追求愛情呢？到底什麼才是真正的「愛情」？又到底我們想要從愛情中獲得什麼？以上這些疑惑都是每年愛情學課堂上常被學生提出來討論的「問題」。

特別是「我們要從愛情獲得什麼？」這個問題可說是觸及愛情本質的「核心問題」。對於這個愛情的核心問題，可能無法有標準的答案，是需要每個人自己去實踐愛情，才能給出自己滿意的答案。當我們不斷反思愛情這個核心問題時，不只會讓我們對於未來在談戀愛時，有更清晰的方向，更重要的是會讓我們大大提升「愛的能力」。

　　「愛情」是一種高度的心靈活動，是人性最後的奧祕，亦是一生最浪漫的修煉。從「性教育」的觀點來看：**人類的性包含性的生理、心理、社會及心靈等四個層面**，而愛情正是發生在性的心靈層面。因為愛情不應是最低階的滿足生理需求，而是包含非常多層面且複雜的過程，尤其是最高層次的心靈層面，也就是因為這樣難以達成的獨特性才使愛情如此珍貴。「愛情」是人類亙古的話題，在過去愛情沒有它的主體性，甚至在傳統「包辦婚姻制度」下，談愛情被視為恐會危害到以繁殖及生存為目的之婚姻制度，導致千年以來愛情被整個社會體制壓抑成一種「集體潛意識」。是的，「愛情」是人類的「集體潛意識」，是人類共同的深情大願；「愛情」背後所蘊含的「愛情原理」，將是人類文明最後要拆解的奧祕。

　　這本書嘗試去拆解愛情的五個原理：

1. **第一個原理是「投射原理」**：愛上一個人其實是來自於你的投射，也就是說其實你愛上的是另一個自己（隱性人格），而投射只是啟動彼此相愛的機緣，但本身還不是「真愛」。

2. **第二個原理是「收回投射原理」**：因為愛上一個人是一種投射，所以當這個投射消退後，你會發現對方沒有你想像中的美好，此時會跟對方產生衝突。這因應之道就是要收回投射，並真誠反思自己是否願意無私的愛對方。

3. **第三個原理就是「溝通原理」**：愛的本質就是溝通，當你能做到第二原理，才能回到在真實生活中抱著「相愛與好奇」的溝通態度，去認識對方的個性、價值觀及生命盲點（尋求與對方生命整合），同時也更認識自己（尋求與自己生命整合），這是愛情最核心的活動。此外，當愛的能力無法化解彼此個性、價值觀及生命盲點的差異時，得選擇分手，再度學習無條件的愛自己和自我療癒，這就是愛情讓人成長的「隱性設計」。

4. **第四個原理是「創造性原理」**：相愛的兩人彼此生命有差異（若沒有差異就無法激起相互吸引而想開發彼此的生命），但該怎麼面對這個差異呢？愛情的創造性原理是一

種實踐愛的原理，它是一種「創造性思考」的智慧，要時時提醒自己：你愛上的是另一個自己，但愛情不是要將對方變成另一個自己，而是要能「共享和諧的差異」，這也是愛情的「弔詭」本質。

5. **第五個原理是「自性化原理」**：愛情是一場追尋「完整自我」的自性化冒險旅程。愛情源於潛意識卻在意識裡被完成，實現愛情才能體驗到真正的愛與幸福。順著愛情的發展，要實現愛情，需要「勇敢」選擇進入婚姻與家庭的生命淬鍊過程，才得以完成生命的進化，證明自己是位人格獨立且有真正愛的能力的人。

最後，我們到底要從愛情中獲得什麼？是性的滿足？是那個夢寐以求的白雪公主或白馬王子？或者只是為了傳宗接代、符合社會期待？事實上，你可能會發現：最後你什麼都沒有得到。因為所有世界上看似具體存在的物體及個體，最後都將灰飛煙滅。上述這五個愛情原理可能會隱藏著一些迷思的「陷阱設計」，需要我們從反思個人愛情經驗過程中，透過一浮一沉、一通一塞的「辯證的歷程」自我釐清導正。例如：愛情的「自性化原理」，是指愛情是一場「完整之我」的自我追尋歷程，看似可以從戀人身上索討我們缺乏的東西，讓我們變成更完整的人；這是掉落愛情原理迷思陷阱的

危險理解，因為一個人終究無法滿足另一個人，而「愛」的本質是自由、主動、無私，因此這種匱乏式的討愛並不是「真愛」。

愛情的「自性化原理」是一種「放下」的智慧，愛情的發生來自「隱性人格」的投射，事實上，隱性人格就在每個人的心靈中，只是沒有顯現出來，需要透過自由、主動、無私地愛對方。當我們能讀懂對方（對方是我們的顯性人格），彼此就能互相照亮內心的隱性人格，是需要靠自己的力量長出「隱性人格」，恢復彼此各自人格的完整性；而不是依賴對方，這正是「愛人如己」的境界。此時，才能證明自己是一位真正人格獨立成熟的人（自我肯定），覺得自己可以活得很好；當有伴侶，能彼此真誠相愛，讓對方更成長、幸福、快樂，彼此生命圓滿合一，更加美好。這樣的愛情觀彼此都是自由的，能主動與無私地去愛對方；同時透過愛對方來實踐，間接達到愛全世界、所有人的深情大願。

這本書拆解的五個愛情原理，與《關係花園》一書提到親密關係發展的五個歷程（浪漫期、衝突期、整合期、承諾期、共同創造期），彼此相互關連，其間的關係如下：愛情是源於投射（愛情的投射原理），此時為「浪漫期」，體驗這渾然天成與外界隔絕的形而上浪漫愛，是日後展開完成相

愛所需的動力；接下來需經歷戀愛過程中「衝突期」、「整合期」、「承諾期」三道關卡。衝突期要使用「收回投射原理」、整合期要運用「溝通原理」，而「承諾期」及「共同創造期」則是要善用「創造性原理」；最後的「自性化原理」貫穿整個過程並於婚姻中淬煉完成「一生最浪漫修煉」的真愛。因此當讀者了解愛情的五個原理，將有助於經營一段須經歷「浪漫期、衝突期、整合期、承諾期及共同創造期」等五個歷程才能淬煉成熟的感情。

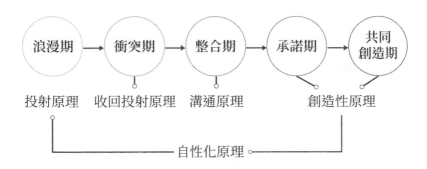

反思個人的愛情生命經驗

　　整本書探究「我們要從愛情得到什麼」，以這愛情學核心問題為主軸，分為「破解愛情——愛情的模樣」、「滋養愛情——愛情的經營」及「回歸愛情——愛情的實踐」三篇十三章。每章開頭配合要探討的愛情主題，設計問題情境

或學習活動，期能引發讀者與內心愛情生命經驗的連結，進而產生對問題情境的提問；然後帶著問題意識來閱讀相關概念，最後在展開與自我對話的反思歷程下，內化建構成為自己的愛情觀。

此外，個人認為一本好的愛情學書，不能只教導談戀愛的技巧層次。例如：如何追求異性、如何加溫感情、如何優遊於曖昧……因為這些技巧背後所傳遞的戀愛觀念，有可能是一種錯誤的迷思，例如：男生要學習成為好的 PUA 獵人，才能追上女生；又例如：談戀愛不宜先放感情，因為認真你就輸了；又例如：女生要保持神祕感，才能吸引男生。個人認為：萬物都有其存在運作的設計原理，當我們能解開愛情背後所蘊含的「愛情原理」時，我們才可能真正去實踐愛情的本質與意涵。

一個觀點的建立，背後有千千萬個傳承；一本書的完成，背後可能是一百本書的閱讀，以及許多人的參與協助。「愛情學」是一門探討愛情理論與實務的跨領域整合學科，理論基礎包含愛情生理學、愛情心理學、愛情社會學、愛情哲學與愛情病理學。其實務則以親密關係發展的五個歷程（浪漫期、權力衝突期、整合期、承諾期與共同創造期），可能會遭遇到的愛情課題為主，例如：情侶吵架怎麼辦？如何分手

等等。但由於「愛情」是生命的成長課題，無法單獨用實證的科學去探討，需要採取跨領域的統整方式。因此個人在撰寫這本書時，背後對愛情的觀點主要傳承自我的兩位老師，一位是國內性教育的開創者台師大晏涵文教授的「全人性教育」，強調性教育是一種「愛的教育」，旨在教導健康的「親密關係」。另一位是國內長期關懷現代人感情生命的曾昭旭教授，從儒家「心性學」提出兩性關係的理想性。進而整合愛情學的理論基礎，來拆解這些愛情理論背後所蘊含的五個原理。

最後，也要特別感謝這六年來在愛情學課堂上擔任協同教學的呂天福老師、張李明德社工師及丁介陶心理師，三位不只貢獻他們的專業，更大大豐富愛情學課堂的教學，平時花許多時間參與討論課堂教學的設計，特別是張李明德社工師提供許多素材，更帶領學生參與討論。同時，也要感謝這六年來選修愛情學通識課的 800 位學生，由於你們的踴躍參與討論分享，讓我有機會累積許多目前年輕世代的感情經驗，找到適切的切入點，寫下靈光乍現的一撇新觀點與閱讀者共鳴。

第一篇

破解愛情──愛情的模樣

第一章

不要相信愛情！
我們需要拆解愛情原理

玩個「愛情填空測驗」吧！

— ★ ★ ★ —

在愛情中，你認為什麼是無法容忍、不可缺少的呢？

你真的知道自己想要什麼嗎？

透過一個簡單的小測驗釐清一下吧？

愛情是 _____，因為 _____。

為了能夠被愛，_____ 是必須的。

沒有 _____ 就稱不上是愛。

愛最重要的就是 _____。

以下是大學生幾個經典的看法：

• 手遊版

愛情是一款手遊，因為要時時刻刻經營。為了能夠被愛，相互包容理解是必須的。

沒有感到幸福快樂的就稱不上是愛。愛最重要的就是能夠互相帶領著對方一路成長。

• 投資版

愛情是投資，因為必有風險，有賺有賠。為了能夠被愛，真心付出是必須的。

沒有信任就稱不上是愛。愛最重要的就是用心經營。

• 自我版

愛情是申論題，因為無法三言兩語說清。為了能夠被愛，充實自我是必須的。

沒有自我就稱不上是愛。愛最重要的就是不要失去自己。

• 飲食版

愛情是一杯茶，因為隨著時間變化，有濃厚苦澀、有回味甘醇。為了能夠被愛，把自己變得更好是必須的。

沒有快樂做自己就稱不上是愛。愛最重要的就是保溫且愈陳愈香。

不要相信愛情
重新建構愛情觀

　　「愛情可以相信嗎？」這是我在台師大愛情學課堂學生常見的提問，我的回答是：真正的愛情是可以相信的，但假愛就不能相信。那什麼是假愛呢？假愛又可以分成兩種，第一種是他自己也不太清楚什麼是愛情，也不清楚為何要談戀愛。他只是很想去談戀愛，剛好彼此有意願就直接進入談戀愛模式。第二種則是一開始就存心想欺騙對方的感情，像很受歡迎的 Netflix 影集《Tinder 大騙徒》。我想大部分人所遇到令人失望的愛情，大都是屬於前面第一種。相較於第二種，第一種算是「無心之過」，但確實已使對方在感情中受傷或讓對方

對愛情失望，也是談愛情時應該努力避免的。而這也是我們想在國內推動「愛情學」的初衷，我們希望大家能夠得到真愛。

據大數據統計，平均談五次戀愛後才會成功。這似乎意謂著，大多數的人一開始對愛情是缺乏正確認知的，而這往往導致我們談一場假戀愛。確實，如果我們自己都不知道愛情是什麼，又怎能找到真愛呢？如果情侶之間對愛情的定義不一致，又如何給予對方所渴望的愛呢？從上面的測驗看，所填寫的：愛情是一款手遊、愛情是投資、愛情是申論題，愛情是一杯茶……可知每個人對愛情的觀點各異其趣，就像「瞎子摸象」一樣，僅能從個人的經驗或想像去描述。

「愛情」是亙古以來不退流行的「話題」，大多數的人是渴望愛情的。儘管過去傳統社會的婚姻多是「父母之命、媒妁之言」，甚至是為維護家庭與社會的穩定性，而完成傳宗接代，刻意忽視及壓抑婚姻中的「愛情」成分。但矛盾的是，千百年來傳唱不斷的詩詞歌賦，絕大多數卻都是圍繞著愛情，如「兩情若是久長時，又豈在朝朝暮暮」。當代心理學大師榮格（C. G. Jung）認為「愛情」是被社會長期壓抑的一種「集體潛意識」，永遠是人們魂牽夢縈的內在渴望。仔細想想，我們雖然身處於二十一世紀，科學文明已一一解

開「大自然的神話」（例如：古代對刮風打雷下雨等大自然現象，認為是神生氣了），也解開許多「政治神話」與「宗教神話」，但是只有「愛情」，依舊讓人眾裡尋他千百度，在人類精神生活中蒙上一層神祕的面紗。愛情是什麼呢？每個人似乎都能就經驗來說說，但若進一步追問，你到底想從愛情中追求什麼？或想得到什麼？以及你為何要談戀愛？認真思考後大多數的人可能會感到十分不清楚與迷惑，很難具體說明白。

所以第一章「不要相信愛情」，就是要提醒讀者自己反思一下對愛情的觀點，因為這些觀點往往來自個人有限的成長經驗所經歷到的或所看到的（例如從偶像劇、電影、小說或網路等等），以及朋友告訴你的。也因為這些對愛情的觀點未經過自己思辨，所以希望這本書能開啟你跟自己的對話，重新建構自己的愛情觀。因此，「不要相信愛情」的用意是要提醒讀者以下三點：

第一點**請先撕下你對愛情的標籤**。對愛情常見的標籤是誤以為「浪漫愛」才是愛情、才是真愛。以為浪漫愛沒有規則，就是兩個生命忽然沒有隔閡碰觸到彼此（俗稱的「來電」）。對浪漫愛的追求來自於西方，也是時下年輕人所嚮往的愛情。事實上，浪漫愛的發生是一種「機緣」、「可

遇不可求」，在整個愛情發展的歷程中是有其意義的，然而維持的時間往往是短暫的（平均只有大約 3-6 個月）。所以當你期待愛情的天長地久時，單靠剎那閃現的浪漫愛是不夠的，（事實上，愛情是雙方相遇後，為開發彼此生命人格成長，讓彼此更有動力去發展更好的自己所做的努力）。若是執著浪漫愛才是愛情、真愛，恐會掉入不斷尋找愛情的生命困境。

第二點**愛是需要學習的**。如當代心理學家佛洛姆《愛的藝術》這本書所言：願意去愛人是每個人的深情大願，但如何去愛是需要學習的。愛情的主體是「愛」不是「性」，若你想要擁有長期穩定的愛情關係，就得學習如何去愛人，培養自己成為一位人格獨立成熟，並在感情生活中去實踐，才能證明你是真正有愛的能力的人。

第三點**愛情活動有時候是一種「毒藥」**。在當前的社會環境中，充斥著「速食愛情」、「愛情遊戲」、「愛情的騙子」等等，名為付出，其實是剝削；名為關懷，其實是傷害。

從各學科
解讀「愛情」

　　或許古羅馬詩人維吉爾說的對,「就是愛情推動著世界的發展。」因為在人生最黑暗時,它給人最亮的光。但是一個不懂經營愛情的人,老換男女朋友是解決不了問題的;一個不懂婚姻家庭的人,老換伴侶是解決不了問題的。世上萬物都有其原理,那愛情的原理是什麼?傳統父母之命、媒妁之言的「包辦婚姻」,結婚與愛情無關,所以對愛情缺乏科學的研究;一直到1903年瑞典的女性思想家愛倫凱出版《愛情與婚姻》,倡導自由戀愛而結婚,才開始帶動各領域學科專家從專業立場探討愛情。

（一）生物學家及生理學家的觀點

愛情只是繁殖的一種浪漫性說法，只是體內荷爾蒙所引發的感覺。從生物演化的觀點來看，我們的基因組合中，98.4% 的基因和黑猩猩一樣，因此認為人們採用的擇偶策略與動物沒有兩樣，同樣是基於為繁衍下一代所採取的「擇偶偏好」，例如：男性擇偶重視女性的外表、年輕與貞節；女性重視未來配偶的賺錢能力、勤勞與野心。進化生物學家泰弗士（Robert L. Trivers）的「親代投資理論」（parental investment theory）認為「愛情」只是一種人為的浪漫妝點，繁衍更好的下一代才是重點。認知神經學觀點則認為對伴侶愛的感覺是由於腦內荷爾蒙（Hormone）的作用，例如在進行性行為時，公鼠會釋放「血管加壓素」（Vasopressin），母鼠會釋放「催產素」（Oxytocin），這兩種賀爾蒙會使腦袋開始發展出對伴侶愛的感覺。

（二）心理學家的觀點——主要有以下四個理論

1. 賴斯（Steven Reiss，1952）提出「車輪理論」（wheel theory），將戀愛的過程分為四個階段：融洽期、自我揭露期、相互依賴期與親密需求實踐期。這四個階段分布在一個車輪上，向前轉動，關係加溫；若雙方有誤解、衝突，則關係會退化。

2. 客體關係理論（Object Relations Theory，1940-1950 年代）由英國心理學家羅納德·費爾貝恩和梅蘭妮·克萊因等人所提出。不同於佛洛伊德理論，客體關係理論認為人並非尋求「驅力」的滿足，而是在與他人建立的關係中尋求滿足。因此早期的親子互動型態對於個人生命腳本的發展具關鍵性的影響，且會在日後的親密關係中一再重現。所以談戀愛的對象，基本上是一種延伸滿足孩提時代客體關係的需求。

3. 心理學家史坦伯格（Robert Jeffrey Sternberg，1986）提出「愛情三因論」：愛情是由「激情」、「親密」與「承諾」三個部分組成，可組合成八種愛情類型（完整之愛、友誼之愛、浪漫之愛、荒唐之愛、迷戀、喜歡、空愛、無愛）。

4. Saxton（1990）的戀愛理論：把愛情分為浪漫之愛、性慾之愛、伴侶之愛、利他之愛。

（三）社會學家的觀點──主要有以下兩個理論

1. 社會學家李約翰（John Alan Lee，1973）提出「愛情顏色理論」：也可以稱為「愛情風格理論」，認為愛情跟顏色是可以類比的。將男女之間的愛情分成六種形態／愛情

態度。這六種形態主要是由以下三個因素，就如同三原色所組成：「肉體愛」、「同伴愛」、「遊戲愛」；若將這三個主要因素加以混合就可衍生出「占有愛」、「現實愛」、「奉獻愛」等三種次要的愛情態度。

2. 社會心理學家薛佛（Shaver）、哈珊（Hazan）和 Brandshaw（1987）的「愛情依附關係理論」：愛情關係和他在嬰兒時期的親子關係相似，提出三種愛情模式：安全型（約占 56%）、迴避型／躲避型（約占 25%）、焦慮型（約占 19%）。

我們需要整合的
愛情理論

　　一個好的理論必須具有「解釋」、「預測」
與「改變」現象的功能，因此一個好的愛情理
論要能有效解釋愛情是怎麼發生的？如何開啟
並經營愛情關係？我們要從愛情中獲得什麼？
談戀愛一定要進入婚姻嗎？人為何要結婚呢？
等等愛情的核心問題，並依據這些愛情理論提
供我們經營愛情親密關係所需要的「愛情原
理」。愛情雖是上天賜與最棒的禮物，可惜沒
有附上使用說明書。我們必須自行探索，老天
爺設計這道人生成長課題背後的「愛情原理」；
並經過後天的努力學習，培養「愛的能力」，
才能享受這份禮物。

當代倍受推崇的耶魯大學心理學家史坦伯格（Sternberg）反思自己在 1986 年所提的「愛情三因論」，認為這只是一種愛情量表與分類，且針對已經發生的愛情事件做分析，無法談得上是一種「愛情理論」。因此他在 1994 年又提出愛情新論「愛情是一個故事（love is a Story）」，認為愛情不在關係之間，而在關係之內（恢復跟自己的關係）。因此人們愛上的對象通常是與我們個性互補的人，為的就是在修補缺憾，圓滿與自己的關係。很令人敬佩的是，史坦伯格非常謙虛，仍覺得這個新觀點稱不上是完整的愛情理論。

問世間情為何物，直教人生死相許。人們把對美好人生的追求都投射到愛情；有了愛情世界就變彩色，失去愛情世界就變黑白。透過愛情的追求實踐自由、永恆與無限的美麗人生。為何愛情會有這樣的魔力呢？無論是生物學家、生理學家、心理學家及社會學家都試圖用自身學科來探索愛情；然而似乎仍無法有效解釋「愛情是怎麼發生的？」等愛情核心問題。這是因為強調實證的科學是專精於處理已發生的事情，但對於屬乎人類精神、心靈與生命層次的愛情則有其限制。再者，經營愛情所需的「愛的能力」可說是人際關係2.0，需要先理解愛情設計原理，才能學習這項進階的人際關係技能。因此想要對愛情有完整的詮釋，單靠某一個學科領域是

力有未逮，須跨領域去整合各學科（如自然科學、社會科學及人文科學）。所謂「整合（integrate）」就是「使完善（perfect）」的意思，也就是使失去或分裂的回歸本來面貌，恢復完美。

要如何整合以提供拆解愛情原理所需要的愛情理論呢？首先我們要說的是：「愛情」是一種高度的心靈活動，是指愛情的發生在人類的心靈層次，因此愛情的主體是「love」，不是「sex」。當代心理分析學家佛洛姆（Erich Fromm，1956）在《愛的藝術》這本書寫到：

宇宙間只有一種愛，一切的愛都是這種愛的分化。「愛情」可以說是愛的一種型態，且是最貼近愛的本質的一種型態。佛洛姆依愛的對象把愛分成以下五類：兄弟愛、母愛、情愛、自愛、對神的愛，對佛洛姆而言，其雖然依愛的對象把愛分為五類，然而其本質都是愛。因為愛是整體性的，例如：一個人不可能不愛自己，卻能愛人；一個人也不可能只愛特定的人，卻不愛周遭其他的人。

佛洛姆對愛情的觀點是，愛情是希望和另一個人完全融合，整合為一體的慾望。因此從愛情的本質而言是排他的、非普遍性的，卻也因此容易造成大家對愛情錯誤的觀念：

1. **誤以為排他就是占有性的依戀。** 事實上正確的觀念是，因人生命的有限性，我們在此生只能完整的與同一個人融合，傾全力來愛，無法同時跟許多人進行這樣的愛情關係。

2. **誤以為「一見鍾情」式的短暫、爆炸性的才是愛情。** 事實上愛情需要經歷長時間去探索彼此的個性、生命與人格，愛情是一生的修煉。

3. **誤以為性慾的結合就可消除彼此的隔離。** 事實上缺乏「愛」的結合反而使彼此更遙遠，缺乏情感連結的性，可能會在快感消退後產生空虛感、無意義感。

　　「愛」是愛情的主體，但什麼是「愛」？《愛的萬物論》這部電影的經典台詞：「愛或許是一切的答案，但愛本身卻往往沒有答案。」國內學者曾昭旭說：「愛是一個非常模糊充滿歧義的概念。每個人對愛的理解可能不同，其展現出的愛的現象也是千變萬化。」這是因為「愛」是屬於人類的「心靈」層次，無法用科學的概念去定義。傳統上對於人類行為的解釋是持「生理—心理—社會」（Bio-Psycho-Social）的觀點，因此若想對人類的愛情行為多一點理解，便無法忽略心靈的層面，也就是「生理—心理—社會—心靈」（Bio-Psycho-Social-Spiritual）。當代心理學家榮格

和馬斯洛（A. H. Maslow）開始將心理學研究擴展到人類心靈層面，並嘗試透過個人心靈成長來整合生理、心理與社會等，他們在 1970 年代開創「超個人心理學」（Transpersonal Psychology），以及賽里格曼（Martin E. P. Seligman）於 1998 年推動的「正向心理學」（positive psychology）都是典型的例子。倡導健康正向的「關係」是個人幸福與否的重要因素之一，而「關係」中最深切、最令人渴望的就是「愛情關係」。

「全人性教育」
拆解愛情原理

　　「性」是什麼呢？「人類性學」（sexology）是一門倡導以科學方法來研究人類「性」之專門學問，德國醫師布洛赫亦於 1906 年首先創用「性學」，被尊稱為人類性學之父。人類性學的誕生開啟人類性革命，且每次的性革命都對人類的「性」有新的觀點，也帶動各國應實施性教育的呼籲，同時也對性教育不斷創新出觀點。隨著性的觀點朝向「自由開放」，不再是一項「只能做不能說」的禁忌，各領域對此投入更多的研究。1970 年性學對人類的性已有較完整性的了解，提出人類的性應包含性的生理、心理、社會及心靈等四個層面。有

鑑於社會大眾對性的了解，仍停留在生理層面，因此，創造「sexuality」這個字來取代原來 sex。而 sexuality 是指與性有關的層面，為了與原本較偏重生理層面的「性 sex」做區隔，國內性教育學者晏涵文把 sexuality 翻譯為「全人的性」。

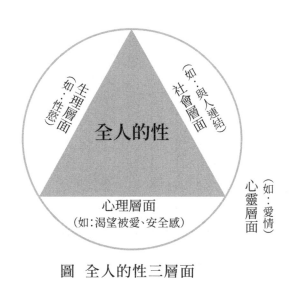

圖　全人的性三層面

這也揭櫫人類所要追求的性滿足已不只是生理層面，例如：性慾望或心理層面的安全感與被愛的歸屬感需求；也不只是社會人際關係連結的需求，還包含追求並實踐「愛情」價值意義的心靈層面。德國心理學家彼得・勞斯特（Peter Lauster）在《關於愛情》這本書中對「性 sex」與「愛 love」

間關係的反思：「『性會讓我們變得自由』是一句謊言。只解決了自身的生理問題，對於沒有同時開發精神方面的愛情能力的人，無法獲得完整的滿足，只會徒留挫折感。如今，性已經凌駕於愛情之上，性行為本身受到重視的結果經常使其與愛情混為一談，甚至有人單純的相信性生活就是愛情的全部。」

「性教育」是將「人類性學」的研究結果結合教育學應用在人身上。也因隨著人類性學對「性」的概念從 Sex 轉到 Sexuality，所以性教育從偏重教生殖器官的「性教育」（sex education），轉變為性教育是一種「愛的教育」，即教導「健康親密關係」的「全人性教育」（sexuality education）。這本書的主要論點便是採取「全人性教育」的觀點，強調整合人類性學在「生理—心理—社會—心靈」等四個層面相關理論，以協助個人能在性的四個層面裡，獲得和諧狀態的真正幸福感。並聚焦探討「愛情」這項親密關係的主題，以拆解愛情的五個設計原理。相信理解後，將有助於釐清對愛情的困惑，以增進愛的能力，經營長期而穩定的關係，讓彼此的產生「愛」的價值感與幸福感。

第二章

愛無能世代！
找回愛的能力

今年 33 歲的玉芬，自學生時期身旁不乏異性追求。26
歲出社會時，跟交往六年的男友分手，在休息兩年沉澱自
己後，開始為人生的幸福努力。透過親友介紹、線上交友
軟體、換桌聯誼、參與社團……各式社交場合均盡可能地
參加、想盡辦法交朋友。

　　一開始抱持認識新朋友的心態，找了有身分認證的線
上交友軟體平台，偶遇到聊得愉快的異性，尚能保持氣氛
愉快；但就在雙方見面，對方展開熱烈追求後，自己卻開
始退卻，無意繼續交往或認識。漸漸地，和一些人斷了聯
絡，當然過程中也和少數人成為朋友，不久這些網路上的
朋友結婚、生子，過著幸福的生活，自己卻仍是孤家寡人，
持續單身生活。

　　玉芬開始檢討自己，一開始是否因為距離產生美感，
也因為彼此陌生而期待著，卻在見到面後幻滅。因此轉接

觸能夠見面的換桌聯誼：每人每次 8 分鐘的破冰聊天，和男孩子們相處愉快，甚至能跟同桌的女孩子成為朋友，在尋找伴侶的路途上互相打氣與討論心得。

與男孩子交換聯絡方式後，彼此再次見面互相了解，卻仍舊無法繼續成為更進一步的朋友。例如：一開始跟位藥廠業務相處愉快，聊天也覺得投緣，偶然機會男生邀請她去看舞台劇，但因事先沒有說明誰要請客或出錢，於是玉芬花了 2000 元看舞台劇。當時未覺得不妥，心想也沒有任何虧欠，就僅是多一筆額外花費，但事後覺得兩人應該要在金錢觀上進行更多的溝通，礙於彼此還很陌生便沒再來往。

玉芬感歎：我不是不婚族，且這麼努力參與各種認識男孩的機會，但何時才能找到心目中的白馬王子呢？

愛的能力
爲何被卡住？

如果可以讓愛變成一種能力，或許孩子能幸福一輩子。德國當紅新社會觀察家納斯特（Michael Nast，2016）描述這是一個「愛無能的世代」：即人與人的連結越發脆弱，心想追求獨立完美，卻無能維持關係的一代。納斯特觀察周遭朋友同時也自我反思，出版《愛無能的世代》一書，點出現今 20-40 歲年輕世代的愛情困境：在網路上的朋友很多，但真正長期穩定的關係卻越來越少見。他們既矛盾，也迷惘；渴望愛，卻不知如何愛；明明在愛情裡，卻又像是過著單身的生活。他們追求自我實現，卻陷入對「完美」的追求；懷抱夢想，

卻常常不得不向現實妥協；想被看見，被理解，卻不願在社群網路上展現完整真實的自己；不一定想要承諾的束縛，卻又想要承諾後的安全感與踏實感。

　　無獨有偶，諮商心理師吳姵瑩羅列國內年輕世代五種愛無能的普遍現象：「明明渴望愛，卻說自己一個人比較自在」、「有穩定交往對象，卻還想發展其他關係」、「只想要有性關係，或以為用性關係可以綁住彼此」、「知道彼此不適合，卻不敢分開」、「忍不住悲觀，覺得不管怎樣最後都會分開」。在此先澄清一下，「愛無能」目前並不是學術上一個新的心理疾病，讀者如果有上述其中一種狀況，不必對號入座，甚至過度焦慮。「愛無能世代」並不是要指責當前年輕世代對感情的不忠或不負責任；造成愛無能世代不應簡化歸咎於年輕世代個人的錯，而是整個社會結構變遷所導致這世代人的集體性格，無法與人建立長期穩定的親密關係。

　　哪些因素導致愛無能世代呢？就個人觀察可歸納以下三個主要因素：

1. 「消費社會」所帶來的**「速食愛情」**。消費社會講求效率、鼓勵消費，對於所購買的東西不滿意就換、退貨：東西壞

了就換新，因為維修的成本反而大。那「關係」呢？商業消費型態有一個前提就是，資源是無限的；但親密關係的建立需要時間、需要有修復能力。然年輕世代生長在「不滿意就換」的消費社會型態中，耳濡目染影響其愛情觀，認為「這世上總有一個 Mr. right ╱ Miss right 適合我，只要不停地換，有一天終會換到適合我的」。因此當面對關係的衝突不免會想：算了、不想修復了，一心只想趕快換一個適合的。事實上，不懂如何與人經營長期穩定的愛情關係，老換男女朋友是解決不了問題的。

2. 「網路崛起」所帶來的**「網路交友」**與**「約砲文化」**。網路時代講求凡事上網必有解，因此想交朋友，約會 APP 絕對讓你載不完。要認識人不用出家門，只要右滑左滑，彼此看對眼，聊兩句就可以約出去。想要與人發生性行為，只要透過「約砲軟體」就可以直接進行，連表面的社交溝通都避免了，因為大家都清楚彼此的生理需求。事實上，網路交友不一定是用來約會，有時候反而是用來排遣寂寞。從約砲軟體找人上床，雖然很容易獲得身體親密關係，卻無法建立「心理親密關係」（例如：增進彼此的了解與信任），甚至會形成「跟對方發生性行為，就像跟他談戀愛般」的合理化行為，導致對經營長期穩定的情感更艱難。

3. 「個人主義」教導成為「獨一無二」的人，造成過度「**自我中心**」。相較於「集體主義」，個人主義主張個人獨立於社會人群的連結，因此對於個體自由度應給予最大的追求，並教導人追求成為「獨一無二」的自我。事實上，個人主義與集體主義間應是動態平衡，當偏向個人主義時，容易形成過度「自我中心」，視穩定的關係是一種「負擔」，既不想勉強對方，更不願勉強自己。因此儘管人與人之間的感情發展快速，甚至在性關係的觀念上遠比過去開放，卻很難發展出長期、穩定且彼此包容付出，被稱之為「愛」的關係。

選擇的弔詭性
反而不易進入親密關係!

近代崇尚「自由戀愛式的婚姻」,認為自由戀愛的擇偶方式會讓人們更容易找到適合的對象,且有助婚姻經營。然而,真實的情形是這世代越來越晚婚,甚至不婚,且離婚率與日俱增。但絕大部分的人仍期待找到自在相伴、相處一生的人。因此,依照消費社會的供需法則「有需求,就有市場」,社會開始提供各式各樣的交友網站、婚友網站、換桌聯誼、配對聯誼等「婚戀產業」,提供多項彼此認識的機會,比傳統一對一相親來得更有效率。然而為何婚戀產業增加了,多了認識結交異性的機會,社會晚婚或不婚的現象卻仍逐年攀升,我

們反而不易進入親密關係，甚至感歎情人難覓呢？

　　我們借用美國爾溫卡特萊特（Dorwin Cartwright）教授所提出「選擇的弔詭性」（The Paradox of Choice）觀點來解釋，在「自由戀愛普及化」及「婚戀產業商業化」兩股力量下，年輕世代反而不易進入親密關係的「弔詭」現象。這是因為當婚戀成為社會消費的產品時，可供選擇的項目持續暴增，負面效應也隨之而生，直到有天我們再也無力承受龐大的代價。那時選擇已不再帶來自由，反而是剝奪了自由，甚至可說是壓榨了自由。能為自己的人生做決定是件美事，卻並不意味著選擇愈多愈好；過多的選擇反而會讓人付出代價，我們常迷戀自由權、自主決定等觀念，也不情願放棄決定每件事的權利。然而，如果你頑固、不知變通地抉擇生命中每個可供選擇的機會，可能會做出一堆糟糕的決定，導致焦慮與精神緊張。

「愛的關係」是
化解自我與愛人間矛盾的解藥

　　　　與相愛的人建立長期穩定關係會失去自我
嗎？電影《愛在心裡口難開》（*As good as it
gets*）裡，男主角說過一句經典的台詞：「妳
讓我想變成一個更好的人。」真正的愛情應具
有這樣的魔力，誘發一個人往更成熟去成長。
但對愛無能世代而言，可能曾經努力愛過，卻
未能有如願的愛情親密關係；覺得在親密關係
中所投入的成本效益充滿不確定性，不如好好
經營「自我」這個品牌，在事業上追求「自我
實現」。此外，他們更擔心若想與人經營長期
關係，勢必需要為這段關係做出調整，而委屈
自我。因此既希望能擁有一份感情，又期待保

有自我，就在保有「自我」與「愛人」間，進退維谷。

人本主義心理學家馬斯洛提出人的需求可分為五個層次，前三者是一種「生存需求」，與價值無關，後面兩者是「價值需求」。當人們滿足前面的需求後，就會想往更高層次的需求去努力。再後來馬斯洛發現許多人誤把自我實現窄化為個人在事業工作的成功，因此在晚年修改理論，又加了第六個層次：「靈性成長與高峰經驗」。何謂高峰經驗呢？即當人處在高峰經驗那一刻，會因活著而感到安適、幸福和感恩，彼此的差異與衝突化為烏有，此時生命的價值感與意義感油然而生。因此，期待與另一個生命建立長期穩定的親密關係，以實踐生命的圓滿合一，正是馬斯洛提出最高層次的高峰經驗需求；而這種高峰經驗也是一種「自我超越」的靈性成長。因此當我們只想保有自我，無法安於一段關係，也無法與他人真正產生聯結，可能會陷入生命本質的矛盾，即害怕喪失「自我」。

成長並不是期待每天都在快樂與順遂的經驗中，而是能夠很自在的與自己的恐懼、挫折在一起。因為萬事萬物都是在「二元對立」的兩端間擺盪：快樂和不快樂、順遂和艱困、成功與失敗等不斷交替循環著。若你執著美好的狀態而抗拒痛苦的出現，只會讓自己深陷掙扎之中。因此，要化解

自我與愛人間矛盾的解藥，需要深入探討我們到底需要怎樣的「伴侶關係」。從人類的起源與婚姻制度的建立而言，最早的人類跟動物一樣，是雜交，沒有婚姻制度，人與人之間沒有關係的連結。依據文化人類學家海倫·費雪（Helen Fisher）的研究，約略在 11000 年前，當時男性狩獵、女性採果，為了彼此的性需求與繁衍後代的生存需求，開始組成「伴侶關係」；但此時彼此關係大約平均僅維持三年，直至他們的孩子行動自主後便分道揚鑣，彼此又另覓伴侶。後來那些男性狩獵者與女性採集者慢慢學會如何種植食物與畜牧，才開始有社群的小部落，並逐漸發展出城市與帝國等社會組織，而有「財產權」的觀念。更進而發展出「安排婚姻」與「包辦婚姻」制度下的伴侶關係，這樣的婚姻關係無關乎兩性之間的愛情吸引，結婚對象是以社會階級、經濟安穩，甚至是政治權宜為考量，所以強調「從一而終」，嚴禁離婚。

後來隨著民主政治、個人主義思潮興起及性革命，開始「自由戀愛」的婚姻。這基於個人需求滿足的自由戀愛式婚姻，加上消費社會的推波，親密關係的存在便是為了滿足個人的需要，因此，當親密關係無法滿足需要，便是所託非人，娶錯妻、嫁錯郎了，你該另覓佳偶，重新找一個不同的對象。這樣的觀念助長離婚率不斷攀升，更導致愛無能世代對於經營長期穩定的親密關係沒有信心。

如何跳脫這樣的惡性循環呢？1970年代一個有關自我與關係的新觀點被提出，也就是「意識夥伴關係」（conscious partnership）。這個嶄新的觀點認為，對關係的承諾是為了親密關係的需求而產生，並非為了自我的需要；亦認為人類與生俱來就是跟另一個生命相互連結，彼此依存、彼此依賴的，例如：每個人誕生到這世上，一開始便是與自己的父母連結在一起的關係。沒有父母無條件的愛，我們是無法存活下來的。因此根本沒有「個人」這回事，自始至終，只有「母親與孩子」之間的關係，而這也奠定了親密關係的基礎。接著，我們需要進一步探究「愛情」是一種「愛的關係」，它跟其他世界上人事物間的關係有不相同的層次。「愛情」的本質並非「二元對立」，而是「一而三」的整體。我們嘗試以一根筷子來做比喻：一根筷子是由「左、右」與「關係」三者所構成的整體；筷子的兩端左與右彼此不能分離、不可或缺，少了其一，另一就不能存在；彼此是在同一整體關係中互相肯定對方，因此，在「意識夥伴關係」的「愛情」親密關係中，男女兩人及由彼此所經營的親密關係這三者共同成為一個整體。讓雙方吸引在一起產生連結渴望的是「愛」。愛不是一種情緒，是一種「結合」。在「愛的力量」中，我們會感受到一股渾厚的力量支撐著，讓彼此的生命深化成熟、完成生命重整合一的進化與圓滿。

當代心理學家佛洛姆說：與其尋找被愛，不如增加自己愛的能力。一個內心無缺的人才有足夠的內在力量去愛另一個人，因為愛是給予，不是索取。德國情感治療師瑪麗亞·楚爾霍斯特從多年的助人工作經驗給出這樣的觀點：「愛自己，嫁給誰都一樣」。愛自己，使自己再沒有壓抑和缺失，更不用在別人身上找到替代的滿足；愛自己是成長的過程，更是人格完整的過程。沒有「愛的能力」不是真正的愛，也難以經營長期穩定的感情；也因為愛是一種能力，就像學習任何事物技能一樣，需要「刻意學習」。接下來的各章，將會一一拆解愛情背後的五個原理，以及每個原理背後所需要學習的愛的能力。

第三章

如何脫魯？
開啟一段親密關係

如何脫魯是許多單身者關心及困擾的話題。就讀研究所的偉翔半夜睡不著，一直重複播放著林志炫的歌《單身情歌》：「抓不住愛情的我，總是眼睜睜看她溜走，世界上幸福的人到處有，為何不能算我一個……」。偉翔找好友阿宏喝酒聊天。碰面後，阿宏看他失魂落魄的樣子嚇了一跳，關心他發生什麼事。偉翔說：「就跟小萱有關的事情，已經讓我煩惱好幾天了。」

　　小萱是偉翔的學妹，兩人不是男女朋友，但關係非比尋常，偉翔一直覺得小萱很需要他。最早是大二在系辦打工，小萱前來詢問修課的問題，言談中發現兩人竟是同一所高中畢業，於是很自然地熟稔起來。之後小萱有事情都會找他協助，如大考前要考古題等。很快地小萱畢業了，正煩惱是否要留在台北或回台南老家，因此又約偉翔，想詢問意見。那天與小萱的談話，偉翔認為算是巧妙的暗示了自己的心意，自己也直覺女方接收到了。後來小萱留在台北，偉翔更相信是自己那番話起了效用，雖然兩人的關係沒有特別變化，Line 上也幾乎都是閒聊近況。

　　實習後小萱漸漸忙碌起來，不過只要有困難就一定會找偉翔出來聊聊、排解苦悶。偉翔跟小萱在一起時，很少談自己的事情，他覺得研究所生活乏味無趣，對自己外貌也不滿意，不知道講什麼才好；小萱也只是安安靜靜的不

多問。反觀，小萱告訴偉翔很多她的私事，比如家庭的問題和對未來的規劃等。偉翔說：「她願意與我商量自己最為難的事，可見我在她心裡絕非一般人！」聽起來好像很合理，但又覺得似乎有些奇怪。

偉翔從來不問小萱的交友狀況，且都沒聽她提過，應該沒有男友吧？而且邀約大都會赴約，也必然是沒男朋友的證明吧？「如果有男朋友，怎麼可能還跟我出來吃飯呢？女生不會這樣啦！」偉翔這麼堅信著……。

上個禮拜小萱又約偉翔吃飯了，她說實習的公司來了幾位實習生，其中某位男生和她一起負責專案活動的籌劃，互動慢慢多了起來。最近男生開始每天帶早餐給小萱，晚上陪小萱加班，下班順路接送小萱回家，講電話到半夜。她說：「他很奇怪，從來沒開口邀約過欸，學長，你覺得我真的這麼沒有吸引力嗎？我不想變成剩女，我應該怎麼做啊？」

問題一出，偉翔如五雷轟頂，臉色一片慘白。回去後偉翔徹夜難眠，他不懂小萱到底是怎麼想的：我這麼照顧她，她卻……。為何我總是拿到「好人卡」！老是被當作「工具人」！

愛的能力
從練習約會開始

　　故事中，偉翔希望能跟小萱從學長學妹關係，進入浪漫的情侶關係；但因為缺乏勇氣和感情的敏感度，而不知如何適切表達情感，以致二人的關係遲遲沒有進展。偉翔確實是個「好人」，也願意去愛人，不該總是拿到「好人卡」或被當成「工具人」，他需要學習愛的能力。首先可從練習「如何約會」開始，學習情感表達與溝通，並提高情感的敏感度。「約會」是兩個相互吸引的人以浪漫的形式，讓彼此經歷與學習建立親密關係。首先在觀念上釐清一點，「約會」並不是為了結婚，是為了交朋友。無論是「一見鍾情」或從朋友到情侶

的「日久生情」都需要經歷多次的「約會」,即從認識到曖昧,再到確認關係,逐漸增加彼此的了解而產生感情。透過約會開啟浪漫關係,進而談戀愛,需要彼此對親密關係有充分的認知與正確的態度,也需要從實際經驗中練習一些約會技巧。

我在台師大特別規劃一個「模擬約會」的報告,請學生以誠實、健康、喜樂的心,依個人的性傾向,邀異性／同性進行一次模擬約會,並反思心得後寫成報告。從學生報告中發現,有六成同學表示這是她／他第一次主動邀約異性／同性的單獨約會,很開心自己勇敢跨出交朋友的第一步。以下節錄兩位同學的學習:

為了要做這報告苦惱一陣子,因為我個性內向,較少有異性朋友,除非是非常熟識要好,不然我不會也不太敢主動邀約別人,但因這作業已勇敢跨出一步。

我喜歡的那人是社團裡的夥伴,雖然已認識兩年了,但是喜歡上她卻是這幾個月的事。對於熟人的情感狀態突然更新時,會有一種莫名其妙的酥麻感,「對,我喜歡上她了,我想要向她訴說我的心。」明瞭自己的心情後,思念就像烈酒般越放越濃。想要約她出去卻苦無名目,直至

約會模擬報告，心想可以假藉這名義約她出去……。令我驚訝的是，當我用「模擬約會」的名義邀約她的時候，對方卻說我們不是模擬約會，她補充了一句：「我們這樣不就算是真正的約會了嗎？」這句話讓我又驚又喜，最後在雙方的討論下：「我們決定去看戲。」

國內性教育專家晏涵文教授把結婚前的交往過程分為以下四個階段：

1. **團體活動**：非約會形式，主要目的為學習認識他人，也就是交朋友。

2. **團體約會**：例如兩對的約會（double dating）或者有電燈泡的約會。

3. **單獨約會**：兩人單獨邀約。

4. **固定對象**（Engaged to be engaged ）：也就是俗稱的「戀愛」（falling in love），即墜入情網，是一種不斷加深互動關係的過程，直到最後「兩心相許」；此時彼此已互許對方，就不再與其他異性單獨交往。

從上述婚前交往過程，可歸納出三種約會形式：團體約會、單獨約會、情侶約會（也就是俗稱的「戀愛」）。在單

獨約會這個階段，又因目的與頻率的不同，可分為以下三種：

1. **社交約會**（casual dation）：就是平常的社交活動，目的是增進彼此熟悉，從交往中學習社交禮儀。

2. **與某對象較頻繁的邀約**（steadily dating）：與不同的異性約會過程中，感覺自己比較喜歡與某位接近，對方也是如此，不過尚未固定對象。

3. **將要固定的對象**（going steady）：雙方均單獨與對方，未再與其他異性朋友約會，但還沒有口頭上承諾彼此是情侶關係。

　　這章我們將聚焦探討如何從朋友關係的「單獨約會」，增溫到與「戀愛」固定對象的「情侶約會」；當彼此的關係是「友達以上、戀人未滿」，就是愛情的「曖昧期」。這階段有點煎熬，但也令人興奮與期待，希望正處在愛情迷惘中、覺得「付出不等於收回」的苦主可以釐清自己的情感表達方式，有助於讓彼此的關係增溫。

適當情感表達與溝通
從朋友增溫到情侶的約會技巧

　　白娘子趁下雨騙許仙打傘，牛郎趁織女洗澡拿走她的衣服……愛情的開始總得有一個人先主動透過邀約來表達情感：你先，還是我先？愛的本質就是溝通，如何有效溝通、適當表達情感成為很重要的一環。「有效溝通」是指使用口語和非口語（也就是肢體語言），即用適合我們的文化與當時情境的方式，表達自己的思想、情感、價值觀、希望與夢想的能力。「適當表達情感」是指運用「有效溝通」的技巧要領，在增進彼此的心理親密關係上，屬於「進階」的人際關係互動「社交行為」。

「適當表達情感」宜視彼此目前的關係狀態來表達，彼此都有喜歡的念頭就可以適當表達出來並安排約會活動，以互動增進彼此心理親密關係的發展（亦即自我的揭露程度），其情感互動可以依下面三個面向來增進：

1. 「**寬度**」（breadth）：是指兩人約會共同活動的範圍，寬度愈廣表示兩人花愈多的時間參與共同的活動，親密程度愈高。例如：除了常見的吃飯、看電影……，還可以一起爬山，挑戰艱困的戶外活動等等。

2. 「**開放度**」（openness）：指約會時兩人能敞開心門，讓對方走進自己的內心，表達情感與交換想法的程度。

3. 「**深度**」（depth）：指情感交流的層次，除了兩人參與和分享外在活動與內心世界之外，彼此願意融入對方世界且與之結合的程度。例如：男女雙方互許承諾。深度愈大表示兩者之間的關係愈親密。

下表說明情感交流深度的五個層次，層次愈高代表關係愈親密：

層次	交流層面	包含事項
第一層次	表面交流	日常問候，打招呼——我很好，你呢？
第二層次	訊息交流	事情處理，做報告——講講情況如何就行了。
第三層次	思想交流	思想對話——妳知道我怎麼想嗎？
第四層次	情感交流	分享感受——讓我告訴你我的感覺。
第五層次	心靈交流	心領神會——讓我們敞開心房、坦然相見。

如果時光可以倒流，偉翔可以怎麼做呢？可運用上述情感表達與溝通，採循序漸進的三階段策略：

（一）主動安排「社交約會」活動：偉翔一開始在系辦打工認識小萱，小萱經常向偉翔請教，也願意分享自己的事，很自然開展兩人單獨交往的社交約會（以學長學妹的關係）。這是很棒的開始，可增進彼此熟悉，也從中學習社交禮儀。可惜因偉翔缺乏自信及勇氣，很少主動邀約，也較少談論自己的事，導致小萱無法清楚明白偉翔的真正情感。所以建議偉翔：首先要肯定自己有被愛與愛人的資格，建立自

信心，安排多樣化的社交活動，例如：參加娛樂活動、一起學習新事物……，學習去愛人。即使被拒絕，也不用難過，就當作是練習社交技巧。

（二）在與對方「較頻繁的約會」中適當表達情感：
此階段是要確定對方是否也喜歡你，不過尚無法固定成為情侶。可運用情感互動的三個面向來拉近距離：

1. **寬度：**偉翔應對自己有信心，多安排約會活動，除了二人世界之外，還可邀請小萱加入自己的社交圈，建立共同的朋友關係，必要時還可透過共同的朋友，讓彼此在一起相處「自在」。

2. **開放度：**如果小萱尚未有固定男朋友，那偉翔需要在約會時明確表達喜歡對方的信息。此時因為彼此仍是朋友，所以在情感的「口語表達」上不宜逾越朋友關係（例如：不要跟對方說「我喜歡你」，「我愛你」，更不要衝動告白），但又要清楚釋出希望朝向情侶關係之意願，例如：我很「欣賞」你的某項特質、「讚美」對方的某個好行為……這些欣賞與讚美宜「具體」，勿「籠統」，以展現真誠。當然偉翔也應敞開心房，多說說自己的事，好讓小萱更了解認識他。

3. **深度**:「非口語」的情感表達,有時更能測出彼此的關係深度,例如:「用眼神傳情」,如輕鬆友善的眼神接觸、淺淺的微笑;「自然的肢體接觸」,如紅燈快亮,牽她的手一起快步過馬路。

此外,當小萱詢問該留台北或回台南實習時,偉翔除了理性分析,亦可說出自己的感受,清楚傳達心意,例如:希望小萱能留在台北實習,因為「很重視小萱這個朋友」、「想常常見妳」、「想找妳聊聊」(表達自己對小萱的「欣賞」與「期待」,此時仍不宜用「喜歡」或「愛」這些壓迫性用詞)。透過清楚地情感表達,試探對方的心意,如獲得好回應,則彼此關係可加溫朝向情侶關係;萬一對方目前沒有其他想法,也可平常心,先退回朋友關係。

(三)設法進入「固定對象」的約會:當二人已習慣單獨與對方約會,未再與其他異性朋友約會,但口頭上還沒承諾彼此是情侶關係,此時「曖昧階段」是最煎熬的,如果直球對決向對方「告白」,可能會因壓力過大嚇跑她。若能懂得配合情境和彼此的熟度釋放「微意圖」,便能產生做球的效果,對方會更好地回應你的善意和邀請。例如:當小萱約偉翔吃飯,提及她喜歡同公司的男實習生,但這位男生從來沒開口邀約她,是否她真的那麼沒有吸引力嗎?偉翔這時大

可先承接小萱的情緒，進而擴展「開放度」，「自我揭露」心事，真誠表達對小萱的情感。千萬不要故作冷靜，毫無溫度地講述看法，使兩人的溝通永遠停滯在第二層次，而無法向更高層次邁進。

是否需要「告白」？
如何提高情感敏感度？

喜歡一個人需要「告白」嗎？何時告白？怎麼告白呢？「告白」在偶像劇或漫畫裡是相當普遍的橋段，網路上常常有「××種不敗的告白方式」，彷彿告白是談戀愛必要學習的技巧。我們好好來探討一下，主張應告白的人認為不告白怎麼確認對方是否也喜歡我呢？萬一對方正等著我告白呢？再說，愛不就是要勇敢表達出來嗎？但也有相當多的人認為「不要告白」。這是怎麼一回事？如果不告白要怎麼追求？這就得從心理學的角度來探討，先釐清時下對告白的三項迷思。

迷思一、「告白」是勇敢追求、愛一個人的具體行動，可獲得對方感動。事實上，「告白」是一種情感的逼迫，並不是愛的行為。當彼此關係還不確定時，無論是「我喜歡你」、「當我女友好不好」或「我想要照顧妳一輩子」……這些自認勇敢的告白台詞，都在強迫對方做出選擇，容易轉為對方的沉重壓力，似乎非得給你一個答案不可：「是否該接受」、「是否要成為情侶」。

迷思二、「告白」才可確定彼此現階段的關係，讓感情升溫。事實上，當彼此關係不確定，急於告白反而適得其反。依據心理學的自我防衛機制，人們普遍對做「正式承諾」這件事情會特別警戒。因為人不願意讓自己在心理上去面對前後不一的矛盾，一旦需做出正式承諾，就會考量未來違背誓言的可能性。告白是一種正式的提問，你要求對方把所有模糊不清的部分透過 Yes 或 No 的答案選邊站，不允許存在灰色地帶，得有明確的承諾。而這也是告白危險的原因。對方原本可能覺得你是個不錯的對象，願意單獨出去走走，可是一旦要承諾「非黑即白」的答案就會考慮很多。大部分的女生只要覺得「還不夠喜歡對方」，就不會做出交往的承諾。還不夠喜歡未必是不喜歡，只是還沒到達可以成為男女朋友的階段。

迷思三、只要學好「告白」技巧，可讓關係轉敗為勝。

事實上，關係的推進是連續向度，而非 0 ／ 1 開關。兩人內心若尚未碰觸到，再怎樣高超的告白技巧都無法勾到對方的心。因此，想靠告白讓彼此關係大躍進，絕對是不實際的目標。「告白」是兩人彼此已情投意合時，透過確認關係的最後一步。

所以當我們邂逅心儀的異性，或在班上團體活動中對某位異性感到興趣，或預計從朋友關係到情侶關係之間的曖昧期，不必急於「告白」。因為告白是種單方面的感情宣示，且有點壓迫對方做「是」或「否」的回應，我們應該學習上述重視雙向溝通且具有試探的「情感表達」。告白不是讓一個人喜歡上你的方式，在戀愛過程中最適切的使用時機，有以下兩種情況：（1）當彼此關係已發展至可以公開的男女朋友；（2）當彼此關係已發展到想進入婚姻關係的「求婚」。彼此關係是否發展為公開的男女朋友，應是「水到渠成」自然發展。如果兩人情感發展的狀況一致，當然是皆大歡喜；然而實際上，總是一方先主動。因此，主動的一方在情感表達上很需要情感的敏感度，隨時觀察對方的「行為指標」以查核彼此「感情熱度」處在哪個階段，以隨時調整步伐。從邂逅心儀的對象，調整外在及談吐來吸引對方的注意，到主動跟對方談話，彼此很自在地聊天，經常性邀約的親近階段，到最後對方「會跟你談心」、「可短暫接受肢體接觸」、

「答應你單獨去較私密的約會地點」時，應是「水到渠成」可以告白的階段。

愛情敏感度·人際關係互動檢核表

分數	行為指標
0-3 （注意力階段）	1. 他大概知道你是誰 2. 他會與你點頭微笑打招呼 3. 雖然兩人能建立對話，但內容非常社交性
4-7 （自在階段）	1. 兩人有社交或工作以外的輕鬆話題 2. 談話不需要你一直問問題也能自然持續 3. 能多次與他維持 10-15 分鐘以上的交談 4. 他會跟你分享日常甚至拍照片給你看（ex.食物照片、團體照等）
8-10 （親近階段）	1. 對你的事情會好奇與有興趣 2. 會主動跟你分享他的夢想或目標 3. 會記得你很多事情 4. 會傳自拍照給你看
爆表 （可告白階段）	1. 會跟你談心 2. 可以短暫接受肢體接觸 3. 答應你單獨去較私密的約會地點，ex. 看夜景 4. 他會主動的、持續的，以各種理由試圖跟你聯絡

第四章

愛情是怎樣發生的？
愛上一個人的投射原理

愛情似乎是世上最沒道理的事。語菡即將畢業踏入社會，一直很想體驗戀愛滋味的她，不斷參加系上或社團的各種聯誼活動，也從不拒絕同學介紹異性朋友，但最後都以「我對他沒感覺」不了了之。眼看畢業舞會是大學生涯中認識異性朋友的最後一次機會，語菡跟閨蜜們磨拳擦掌，一早預備好當天舞會的服裝及化妝，希望抓住最後的青春尾巴。

　　畢業舞會上語菡認識了高大英挺、熱情健談的華泰，相當符合她夢中情人的條件；華泰也喜歡語菡的長髮飄逸、溫柔美麗，遂主動表達追求的邀請，二人很快公開交往成為情侶。交往三個月後，語菡發現二人不太合適，例如：語菡喜歡看書、聊天，華泰喜歡運動、登山；語菡認為吃飯應該由男生付錢，華泰則認為男女平等要 AA 制。語菡認真思考後發現自己沒那麼喜歡他，而是一時感動答應的，華泰對自己來說比較像朋友，猶豫是否該繼續交往下去？一時心亂無法做決定，乾脆接下全系畢旅籌劃工作，暫時擱下這個難題。

三天兩夜的畢旅讓語菡感覺跟華泰的感情難題暫時煙消雲散。第三天要回來時，突然下起一陣大雷雨。一起參與規劃畢旅的隔壁班東億，主動送給語菡隨身攜帶的折疊式小雨傘，自己卻淋成落湯雞，這讓語菡感動莫名。隔天回到學校召開檢討會，東億展現的邏輯思考與客觀評斷讓多情感性的語菡有種生命被觸動的感覺。後來東億對語菡表示好感，語菡決定與華泰分手，和東億交往。被迫分手而失落的華泰，不停地糾纏質問：「我們原是郎才女貌，眾人稱羨的一對，為何妳竟然選擇身高只有 165 公分的東億？」陷入三角關係而不知如何處理這段感情的語菡，也開始疑惑自己到底是怎麼愛上東億的！？

你愛上的對方
是你的「影子人格」

　　愛情是怎麼發生的呢？在千萬人之中，這個人為何會吸引你呢？會喜歡他呢？是對方有著俊男、美女的「外表」，或是有高學歷、高收入、高地位的「外在條件」？抑或是對方擁有豐滿身材、粗壯肌肉的「性」吸引力？愛情的發生往往是彼此互有吸引力才能形成。但吸引力的形成機制是非常複雜的，單從上述外在這些因素無法完整解釋。例如：單就從演化心理學（evolutionary psychology）的觀點來看，相愛的目的是為了繁殖後代，所以一個人是否吸引她／他，就是看上述這些外在條件了；演化過程留給我們，讓我們對擁有好的「外在條

件」的人有著刻板印象，例如：覺得「顏值」高者較優秀。但隨著社會變遷，現代人談戀愛、結婚的目的已非只是為了傳宗接代。

再者，試想如果吸引彼此相愛主要是依據這些外在吸引力，那想要維持長期穩定的親密關係恐怕危如累卵。因為，你會發現下一個可能比目前的伴侶更吸引你，那豈不是見一個、愛一個嗎？此外，我們也可以進一步去思索，基於生理的性需求、被愛的心理需求，或社會條件的交換是否算真正「相愛」呢？愛情的主體應該是「愛」，而不是「性」或「外表條件」。心理學家榮格（Jung）從人格統整與心靈成長的觀點，指出愛情的發生應來自每個人心靈生命深處「影子人格」（shadow character）的相互吸引。榮格認為每個人同時具有「顯性」與「隱性」（或稱「影子」）的人格，除了表現在外、眾人所見的「顯性人格」外，還有個正好相反，潛藏在心靈深處的「影子人格」，例如：一個很活潑的人實際潛藏著抑鬱的一面；而另一個很安靜的人，在另一種環境下，很可能變得活潑好動。就上述故事中，語菡之所以愛上東億，就是因為語菡的顯性人格是細膩多情的「感性」／「感覺型」人格，而在成長過程中把重邏輯思考與客觀評斷的「理性」／「分析型」人格壓抑到潛意識深處，變成隱性

的「影子人格」。因此，東億邏輯思考與客觀評斷的「理性」顯性人格，深深吸引著她。

　　所以我們愛上的人就是你的「影子人格」。但為什麼我們容易愛上自己的「影子人格」？因為每個人從青春期展開「完整我」的自我追尋過程，而做出的無意識選擇。例如：一個顯性人格積極向上、外向開朗的人，其隱性人格卻是內斂、不愛說話，可能是在他的成長過程中，意識到外向開朗更受歡迎，而「不愛說話」的人格就被壓抑到潛意識深處，成為「影子人格」。因此當他遇見一位跟自己「影子人格」相同的異性時，會突然怦然心動，有被救贖的感覺，因對方彰顯的正是自己被壓抑的人格。他跟這樣的女生在一起時，彼此都會很放鬆，不用沒話找話，安靜地待在一起就非常美好。此時，隱藏的影子人格悄悄浮出水面，與顯性人格整合，進而發展出一個完整成熟的自己。

爲何尋覓愛情？
從希臘神話故事
與人類集體潛意識講起

　　榮格的愛情「影子人格」理論靈感源自希臘神話故事。這篇神話收錄在西元前 385 年，古希臘哲學家柏拉圖（Plato）在對話式作品〈饗宴篇〉（*Symposium*）中記載有個阿里斯托芬斯（Aristophanes）講了個古希臘神話故事：在很久很久以前，地球上尚未有人類的時候，最早的人類是一男一女背對背連在一起，稱為「安卓珍尼」（androgyny），他們長得像個球形，有四條胳膊、四條腿，一個頭、兩張臉，朝著相反的方向看。這些球形人類有著非凡的力量和智慧，可與諸神戰鬥，天神宙斯妒忌，命令阿波羅把原來背對背連在一起的

「安卓珍尼」剖開成為兩半，以削減他們的力量。這些最初的球形人類被劈成兩半後，一邊是女性，一邊是男性，被劈成兩半的人從此各自生活。因為孤獨寂寞，開始想念自己原來的另一半。於是他們開始尋找對方，渴望重逢。但因分開時日已久，必須長途跋涉、翻山越嶺，眾裡尋他千百度，歷經千辛萬苦才能找到彼此。一旦遇到另一半就會融化在愛的親密當中，片刻不分離，一起度過一生。而且為了讓生命延續下去，而有了性行為，整個過程就是動人的「愛情」，彼此的另外一半就是「靈性伴侶」（soulmate）。

柏拉圖這段神話傳達了：我們每個人都只是半個人，所以一直在尋求與自己契合的另一半，以恢復生命的圓滿及完整性，因此，實現愛情是人類獲得幸福的重要道路。這則神話故事被認為是人類內心深處對愛情憧憬的「原型」（archetype）。原型是指不同世代、文化、個別意識，卻擁有相同形式的意識或夢想內容，可以說是全體人類普遍的「深情大願」。這概念使得榮格進一步提出「集體潛意識」（collective unconscious）。海中島嶼如集體潛意識：露出水面的小島是人們能感知到的「意識」；顯露出在水面以下的是「個人潛意識」；島的最底層作為基地海床，就是「集體潛意識」。集體潛意識不屬於個人單獨的潛意識，而是人

類種族演化進程中所流傳下來的集體經驗。因此，追求「愛情」是人類心靈深處共同的集體潛意識，承上所述，榮格的「影子人格」理論就是一種愛情的原型，是古希臘神話的現代詮釋版本。在古希臘神話裡，每個人在出生前都曾經擁有完整的靈魂，出生後歷經社會化的歷程讓我們失去另一半，於是有了一項重要功課，就是要找到靈魂遺失的另外一半，生命才有機會完整。

　　「愛情」是人類高度的心靈活動，是人性最後的奧祕，也是一生最浪漫的修煉。愛的本質是「溝通」，為了尋找另一半而展開「異性相吸」的愛情活動。值得進一步說明的是，在愛情裡的異性相吸，並非單純生物學或生理學上的男女兩性，即生理性別的異性。相較於其他動物用外顯性徵及生理機能來分辨雌雄，動物的異性相吸純粹出於內分泌促動與性器官的結合。但人類的性畢竟與動物不同，是「全人的性（sexuality）」，也就是在生理現象之上，還有心靈的活動。而愛情的發生正是彼此最能觸及內在心靈的活動，也因此愛情的發生無論是異性戀或同性戀，乃至於雙性戀應都是一樣的；也就是說，相愛的兩人發生愛情並非來自生理「性慾望」或「性衝動」，而是來自心靈層面的「愛」。承上所述，柏拉圖〈饗宴篇〉表達人類愛情原型的神話故事在其原著中，

最早的人類有三種類型，除了一男一女背對背連在一起外，還有另外兩種類型分別是：兩男或兩女背對背連在一起。由此可說明：不管是異性戀、同性戀、雙性戀……人類愛情的本質都是在追求靈性的成長和圓滿。

愛情發生的本質
是一種潛意識的「投射」

承上所述,「愛情」是人類的集體潛意識,你愛上的對方是你的「影子人格」,但我們要如何在千萬人中找到你的「影子人格」呢?我如何確定對方就是我的「影子人格」呢?我們在此可借用榮格所提人類愛情原型的一組概念:「阿尼瑪」(anima)與「阿尼姆斯」(animus)來說明。首先要先了解,榮格是將心理學從「心理」提升至「心靈」層次的心理學家,在他的心理學體系中,人格是一個整體的概念,可稱為「心靈」。他認為在個人潛意識中還有更屬於全體人類共有的集體潛意識,所以被人類壓抑的不只有生理層面的「性慾

望」（被壓抑的性慾望轉變成為個人潛意識，透過夢流露出來），還有長期被人類社會壓抑在心靈層次、對「愛情」的渴望（被壓抑的愛情轉變成為人類整體共有的集體潛意識，透過神話故事、傳說與藝術創作流露出來）。心靈的概念使榮格認為，作為整體的人格是由意識、個人潛意識及集體潛意識這三個層次相互作用所構成，人生最重要的功課是透過意識照亮個人潛意識及集體潛意識，來完成人格統整與心靈成長的自我修煉，這就是「自性化」（individuation）過程，也就是恢復人的完整性，而這正是愛情與婚姻的終極目的。

受到「安卓珍尼」神話的啟發，榮格是最早提到人類心靈深處的生命人格具有男女兩性的特質（陰陽合體），但在表現的程度上卻有顯隱之分（顯性人格與隱性人格）。例如：一位外表陽剛的男性，其心靈深處存在著陰柔的女性成分，它一直在男性身體中以女性的方式運作，榮格把她叫做「阿尼瑪」；同樣，在外表嬌柔的女性靈魂中也隱藏著屬於她們的男性成分，一直在女性體內以男性的方式運作，榮格把他叫做「阿尼姆斯」。阿尼瑪與阿尼姆斯是建構男人和女人心靈結構最根本的元素，在拉丁文中是「靈魂」的意思，是一種心理能量，同時也是構成男女展開愛情活動的背後動力，這動力就是一種「投射」（projection），透過這投射影響人們的情感；因此阿尼瑪與阿尼姆斯的相遇過程就是人

類生命力與創造力的主要來源之一。投射原本是一種心理機制、自我防衛機制，把我們內在的想法加在對方身上，認為對方也應是如此，藉以減少自己內在的焦慮。例如：有位男性暗戀辦公室的某位女孩，但他擔心講出來會被大家譏笑，或怕表達後遭拒。所以當有其他男同事提到這位女孩時，他便說：你喜歡她，想追求她。榮格認為投射也是很重要的心靈運作模式，一旦沒有覺察的隱性人格（也就是阿尼瑪或阿尼姆斯）被激活時，就會發生投射。

「投射」在心靈層次的功能就像是「鏡子」般，可以讓你很清楚看到隱藏在心靈深處的那個「我」（也就是隱性人格），這對於了解自我是很有幫助的；因為我的「隱性人格」正視對方的「顯性人格」，而我的「顯性人格」正視對方的「隱性人格」。當然這需要後續在愛情及婚姻關係中，經歷一段長期的溝通、磨合，才能真正相互協助彼此，完成心靈成長的生命圓滿合一。若一開始沒有彼此的阿尼瑪與阿尼姆斯投射作用，就沒有機緣讓雙方相互吸引，展開「愛情活動」，讓我們有機會碰觸到內心的集體潛意識，而這就愛情的第一個原理——投射原理。其功能有兩項：一是讓情侶彼此相互吸引在一起，展開一段愛情關係，進行開發彼此隱藏於心的人生功課；其二是可以明確指引愛情發展的目標，完成彼此人格統整與心靈成長的生命圓滿合一。

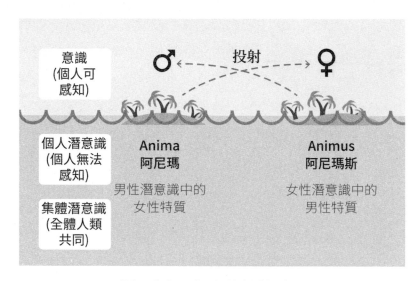

圖　愛上一個人的投射原理

愛上一個人的感覺
與投射的機緣

　　在千萬人之中，我要如何察覺自己愛上了這個人呢？愛上一個人的感覺是怎樣的呢？雖然平時我們每天會有許多機會跟異性相處或相遇，但大多是一般的感官刺激，並沒有碰觸到心靈深處、被隱藏的某個與對方相應的點，因此不會相互吸引或引發照亮對方隱性人格的作用。然而，當彼此真正碰觸到了，將會引發久藏心底、想要開發自我生命的原始慾望與熱情。因此當遇到情人，引發愛上一個人的感覺時，就好似生命突然被打開的喜悅，以及熱情被引發奔放的感激。這時我們對久藏在心靈深處的隱性人格之黑暗不必感到茫然無助，因為

找到一個開發自我生命的切入點，當然是滿心喜悅而感激不已！也因此當愛上一個人時會有一種相互矛盾的兩種感覺同時發生——「陌生感」與「熟悉感」。「陌生感」來自你們是不同的生命個體（彼此的顯性人格是異性）；「熟悉感」是隱藏在個人生命深處某一個與之相應的點（彼此的隱性人格又是同體）。因這個似曾相識的「熟悉感」，當情人相遇時，好似前輩子就已認識，例如：《紅樓夢》中賈寶玉第一次看見林黛玉，就有一種似曾相見的感覺，同時覺得是「天上掉下個林妹妹」，太珍貴，太可愛了。

愛情發生時，內心的篤定感就是來自這份「熟悉感」；對方舉手投足你會看到深埋於潛意識中的另一個自己，同時因愛上這個人來自「投射」作祟，導致我們把隱藏在內心對理想情人的形象過度美化，而投射到彼此都不了解的人身上，造成「情人眼裡出西施」的一見鍾情，這便是「積極投射」。當阿尼瑪與阿尼姆斯產生積極投射效用時，會看到對方「魅力無窮」（把對方的優點放大、缺點視而不見）；更讓我們心生渴望與著迷，認定對方是真命天子、理想情人，似乎只有通過他／她們才能找到自己的靈魂，並墜入愛河。此時雙方會感到很愉悅，覺得備受肯定與被愛，洋溢幸福戀愛感覺，這段期間就是戀愛過程的「浪漫期」或「熱戀期」，

平均大約三到五個月。

　　每個人一生都想發展出一個完整成熟的自我，因此會一直發出欲與完整生命重逢合一的訊號（這是一種無意識，當事者無法覺察），當某個時機彼此碰觸到心靈深處被隱藏的、與對方相應的點，此時男女雙方的阿尼瑪與阿尼姆斯便很自然地同時產生「投射」，且會有連鎖效應，引發彼此想要透過愛對方去開發自我生命被隱藏的原始慾望與熱情，就是愛上對方。

　　承上所述，青春期以後，男女心靈深處的阿尼瑪與阿尼姆斯就會一直發出與完整生命合一的訊號，在某個時機彼此碰觸到就會同時產生投射。但「沒有早一步，也沒有晚一步，剛巧趕上了」的相遇機緣，到底是一種偶然？巧合？還是命定呢？從科學觀點而言，情侶彼此要相遇且同時產生投射的機率很低，幾乎等於零（試想全台灣 2300 萬人、全球有 79 億人口，兩人要相遇且同時投射，真是很難！）但它卻發生了，且發生在許多人身上（據美國一項電話調查有 60% 的受訪者曾有一見鍾情的經驗）。榮格認為這不是單純物理現象的因果律，也不是「偶然」或「純粹的巧合」，是一種「有意義的巧合」，稱為「共時性」。這種有意義的巧合會隨時發生在我們身邊只是沒有察覺到，例如：你跟一個人擦肩而

過，你並不知道他跟你是同年同月同日生，但當你知道，就會覺得這非常不可思議；當你不知道時，這個事情就好像不存在一樣。又如，當男女的阿尼瑪與阿尼姆斯各自發出與完整生命重逢的訊號時，看起來似乎沒有任何特別，若把兩者連結來看，一個產生投射，另一個也跟著產生投射，你就會覺得很特別；因為兩者間有個共同的意義，這意義就是人類意識所賦予決定的。這種有意義的巧合與深層次的意識從哪來的呢？來自於人類心靈深處共有且相連的「集體潛意識」，愛情就是這種集體潛意識。

如何讓愛情降臨？
愛上一個人是幸福還是負擔呢？

愛情的產生來自投射，發生投射的機緣並不是偶然或命定，而是一種「有意義巧合」的共時性，我們要如何增進這種「有意義的巧合」呢？如果你一直無法遇到夢中情人，是因為這並不是由你的大腦意識所決定，而是由集體潛意識決定，只是你無法控制它。我們能做的是真誠面對，先把那些會遮蔽你阿尼瑪與阿尼姆斯發出訊號的「人為雜質」沉澱下來，例如：覺察自己是否訂定太高外表或外在標準的戀愛條件、是否陷入以討好者或誘惑者的戀愛心態、是否掉入以討愛或依賴的戀愛心態，乃至於把「性吸引力」或「需要對方才能活下去」

誤解為是浪漫的「真愛」等干擾因素。這些可能阻擾愛情機緣發生的「人為雜質」主要來自個人「性慾望」的生理需求、「寂寞需要人陪」及「渴望被愛」的心理需求、「男大當婚女大當嫁」及「門當戶對」的社會需求。愛情「共時性」的產生需要取消這些因果律，以減少人為雜質與愛情集體潛意識間造成的干擾與糾纏，好讓「等價值」的雙方能自然產生共振；就集體潛意識而言，人類的心都是相連結的，當你能夠接納自己、愛自己，自覺成為獨立成熟的個體，並相信自己有愛人的能力，你的振動頻率將可以跟更多有「等價值」的人產生共同協作，如同當收音機的收聽頻道與電台所發送的頻率一致時，內心的愛情集體潛意識將自然浮現出來。

原來所有的愛情發生都來自「欲與完整生命重逢」的阿尼瑪與阿尼姆斯之「投射」（可以稱為「愛的投射」），這瞬間彼此生命的浪漫觸動與感通類似「一見鍾情」。1996年諾貝爾文學獎的波蘭女詩人新波絲卡寫了《一見鍾情》這詩：相信瞬間迸發的熱情讓他們相遇，這確定是美麗的，但變化無常更為美麗。是的，愛情來自於投射，投射本身並沒有好與壞之分，端看我們怎樣對待它便會導致不同的結果。兩人瞬間產生生命浪漫觸動與感通而愛上對方，但在整個愛情歷程而言，只是啟動發展成為愛情關係的最佳機緣，但本

身還不是「真愛」。此時若以情人的關係交往便是「愛情」，若以朋友的關係交往則是「友情」。再者，即使彼此都選擇展開「談戀愛」，後續仍需要經歷愛情親密關係發展歷程的層層關卡（浪漫期、權力衝突期、整合期、承諾期、共同創造期等五個歷程，這將在下一章介紹），才能確定彼此是否為合適的終生伴侶。真愛需要在長期穩定關係中去實踐，不能嘴巴說說而已。

　　擁有愛上一個人的體驗，是讓我們敞開心懷，迎接新的事物和經驗的體驗。它能豐富我們的人格以及情感生活，不管結果是幸福還是負擔，愛上一個人是很自然而美好的體驗。所以我還是要說：不要害怕去愛，成功了你會得到幸福，失敗了你會得到智慧。不過大部分的人都是先累積智慧，才會享有幸福。請相信愛情，等待屬於自己的那一份；不要因為也許會改變，就不肯說出那句美麗的誓言；不要因為也許會分離，就不敢求一次傾心的相遇，生命中最悲哀的事，莫過於放棄彼此相愛的人，目送他遠離，而內心不住流淌淚水。

第二篇

滋養愛情──愛情的經營

第五章

親密關係
為何會有「衝突」？
真愛始於收回投射

熱戀的時候，大家都覺得自己遇到了世上最好的人，可是當浪漫期的粉紅泡泡消退了呢？畢旅最後一天大雷雨，東億主動送傘，這樣不經意的善意，讓多情感性的語菡有生命被觸動的感覺。後來男方優先表示好感，兩人很快進入熱戀。語菡被東億擅長的言詞與客觀評斷的邏輯思考特質所吸引，把他看作英雄、救世主和精神導師。也因著愛情的投射，即使東億在同學眼中並不優秀，語菡卻給予極高的評價，把他看作真命天子、理想的愛人。語菡感覺只有通過東億，自己才能變得完整，才能找到自己的靈魂。擁有語菡感情投射的東億，頓時感到自信，覺得自己很有魅力。同樣的，由於東億對語菡的愛情投射，對她充滿性的幻想和渴望；而背負著東億感情投射的語菡，覺得自己備受重視，對吸引一個人深具力量。

　　兩人似乎都同時愛上自己的影子人格，理應是完美的愛情，但當五個月的粉紅泡泡消退後，雙方認識到真實的

彼此。現在的語菡覺得東億有極強控制慾，一開始是採「溫和的建議」，例如：如果跟異性朋友在一起，為了確保妳的安全，請打電話告訴我，讓我知道妳在哪裡，跟誰在一起。起初，語菡的解讀是：東億很在意她、很愛她，所以吃醋，當然關心她的安全，是一種愛意與善意的表達。到後來開始轉為強硬的態度，要求語菡不可再跟其他男生獨處。最近語菡與班上幾位男同學小聚，兩人大吵一架，語菡的反駁惹惱了東億，憤怒地責怪她不知檢點，害他無法好好準備研究所考試。

經過這次重大衝突，雖然語菡想選擇以「隱忍」方式來維持表面和諧，但東億卻告訴語菡：「我已不再愛妳了」，且提出分手。語菡頹喪地說：當初愛上他的原因，也是如今不愛的原因。原以為一切都是老天爺的最好安排，讓彼此有機緣能遇到靈性伴侶，理應從此幸福美滿，但為什麼會變成這樣呢？

解開親密關係中的
黑盒子

　　沒有人會為了分手而談戀愛，但為何許多戀人都有一個共同的感慨：相愛容易、相處難！難在無法適時化解相處時的「衝突」。網路上有很多關於愛情的資訊，大多是搭訕話術、吸睛穿搭等「追求」類的文章，因為多數人對愛情的理解是：還沒交往前，彼此是陌生人或朋友；然後開始展開「追求」，如果對方答應，時間到了就結婚，從此過著幸福美滿日子；如果不合適就分手。以為追求到手一切就搞定了，然而事實上，真正難的在後頭：彼此的愛情是「真愛」嗎？能否修成正果？是需要經歷層層關卡的考驗。精神科醫師麥基卓與黃

煥祥以各自實踐愛情親密關係的經驗解開親密關係中的黑盒子，合寫《關係花園》這本書，讓我們能掌握如何經營關係並「修成正果」的地圖指南。其採階段發展及能量互動狀態的觀點，將親密關係的發展順序分為五個階段：浪漫期（也就是「熱戀期」）、權力爭奪期（也就是「衝突期」）、整合期、承諾期和共同創造期。從一開始對愛情投射的浪漫，對伴侶理想化的再現，到經歷衝突的化解，真實認識自我與對方，深刻體會自己的脆弱和親密的甜美，最後共同創造展現最深層的人格統整與心靈成長的價值。

親密關係發展的觀點有以下三種特性：（1）這五個關係階段並不是「線性關係」，而是有「週期性」，從浪漫期開展，一路歷經權力爭奪期、整合期、承諾期，和共同創造期，周而復始生生不息。當然也有可能卡在某階段，無法持續往上發展；或在某個階段下出現縮小版的五個階段。例如：當你覺得彼此已在整合期，卻發現還是會跟另一半吵架，便開始懷疑自己，是否彼此還在權力爭奪期？事實上，整合期裡還是會有其他階段的影子。（2）這本書雖探討愛情這親密關係，但夫妻、親子及朋友等不同親密關係型態也都會經歷這些階段；所以當兩人進入婚姻，彼此成為夫妻關係，仍會重新經歷這五階段的「循環歷程」。（3）特別是愛情關

係在初期（浪漫期、權力爭奪期），雙方彼此皆充滿能量和充滿混亂，若能夠適時成功化解，進入整合期跟承諾期，才能逐漸進入穩定的愛情經營。因此，當愛情關係在「浪漫」和「權力爭鬥」階段，想要走上「整合」、「承諾」與「共同創造」的道路，就得誠實面對內在的控制與占有慾，而這往往是愛情關係能否順利發展的關鍵。

　　因此，任何一種關係都可以學習整個過程，而且可以遷移、應用在其他關係。然而，必須留意的是，前一種關係的完成並不能保證下一種關係的成功，但可以肯定的是，當從情侶關係的「共同創造期」進入到夫妻關係的「浪漫期」，絕對不是又回到原先談戀愛的浪漫期，反而是擴展到更大的空間（例如：進入夫妻關係及親子關係中去經歷更豐富的人生經驗），導引彼此成為向上的「螺旋發展」關係。

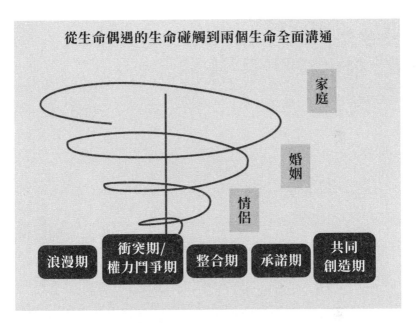

從生命偶遇的生命碰觸到兩個生命全面溝通

家庭

婚姻

情侶

浪漫期　衝突期/權力鬥爭期　整合期　承諾期　共同創造期

圖　親密關係發展過程的螺旋式發展

健康親密關係
從「物化」到互為「主體」

　　問世間情為何物？好不容易迸出愛情火花的兩人，為何還要經歷「浪漫期、權力爭奪期、整合期、承諾期、共同創造期」等層層考驗呢？這些考驗有何意義？到底愛情的設計原理是什麼？麥基卓與黃煥祥在《新關係花園》書中講了一則〈圓小姐和三角先生〉的寓言故事，為我們解開疑惑。第四章曾引用柏拉圖〈饗宴篇〉中「安卓珍尼」這段希臘神話說明為何人們要尋覓愛情：每個人在出生前都曾擁有完整的靈魂，與整個宇宙連結在一起，卻因為力量太強大了，被神劈成兩半，從此各自在地球上生活；因為孤獨寂寞，開始想念原來的

另一半；後來遇到了，就一輩子在一起，也終於恢復完整的自我（稱為「自性化」或「個體化」）。愛是從分裂到合一的驅動力，柏拉圖這則神話故事揭開愛情設計的原理：我們來到人世間，就是要找到靈魂裡遺失的另外一半，也就是向對方學習成長，恢復完整的生命。

　　但當你遇到另一半，要如何透過經營親密關係的發展歷程，達到完成生命圓滿合一的愛情理想呢？我們先介紹〈圓小姐和三角先生〉這則寓言故事：很久很久以前，宇宙中充滿著無拘無束、自由流動的能量，透過它，萬物彼此連結。但由於完美太無聊，於是創造出「三角形先生」與「圓形小姐」兩個生命。起初三角形先生與圓形小姐在宇宙能量中，玩得很開心。過了好幾千萬年之後兩個生命感到乏味，於是打算做點刺激的事情──玩捉迷藏，且為了讓隱藏效果好，決定隱藏跟宇宙能量的連結。此時彼此均為獨立的個體，不知對方怎麼感受、怎麼想，而有孤獨寂寞感，甚至因不知道對方在想什麼而感到恐懼！於是雙方開始用各種方式來控制對方，企圖獲得安全感，直到方法不再有效，便開始彼此指責，甚至認為自己才是「受害者」。某一天，當他們互相凝視及注視宇宙時，感到彼此間有道可怕的鴻溝，早已忘記他們原本就是完整和相互連結的。到最後，他們表達出需要對

方的強烈需求，發誓會照顧對方，稱之為是他們的「愛情故事」。逐漸地，為了平息彼此紛爭，獲得安全感，每個人都只能做出符合社會規範的舉動，三角形不再是三角形，圓形不再是圓形，而成為一個方形的盒子；此時，彼此都渴望恢復原本的自己。

個人認為這則寓言給予親密關係三點啟示：（1）人終其一生渴望原初的連結，但一出生需經歷分離，才能恢復人的主體，這是人們的雙重任務，即學習「既分離又合一」。（2）人害怕親密，擔心會造成自我的喪失，因此築起心牆，想以控制的方式來獲得安全感。（3）想要變回自己原本的樣子，一味採控制對方的模式，結果事與願違。如能透過坦露內心的擔心與過去所遭受的傷害，就能讓心牆消弭，重新接上宇宙能量，並與對方有更深的連結，產生共振，浸潤在「愛的狀態」裡。這裡的「親密」（intimacy）跟一般用語的意涵不同。一般的親密是性關係的委婉說法，但這裡指彼此深入了解對方，互相坦露自己，把自己最深處的部分向他人也向自己敞開，沒有任何偽裝或防衛。我們都希望在世上找到一個了解我，接納我的人，就算全世界都誤解我也沒關係，只希望這個人能了解我就好，而他（她）就是情侶、另外一半。人們為何無法與人連結、與人建立親密關係呢？依

「客體關係理論」（Object — Relations Theory），早期幼兒與母親建立的關係模式，會反映到孩子日後的人際關係型態。舉例來說，嬰兒出生後一開始並不知道自己以外的世界，父母或主要照顧者會滿足嬰兒的需求，小孩從來不需要問父母是什麼樣的人。在早期階段幼兒不知道對方的原貌，也無需知道。這種只在乎人的功能傾向稱為「物化」，即把人當成物，而非活生生的人。對成長階段的嬰幼兒來說，物化是可以被理解的，沒有對錯。但隨著順應社會化的成長過程，若仍把自己與別人看成「物」，將導致我們喪失與他人連結的能量。因此客體關係可能被其他東西所取代，如娃娃、維尼熊……我們稱之為「轉移性客體」。但這仍無助於與人產生連結感，須要克服對物質的需求，從對所有東西「物化」的狀態中解放，把別人看成跟自己一樣，是活生生的生命「主體」。

親密關係中
為何總會有「衝突期」呢？

　　從愛情的設計原理來談，為了讓情侶能消弭心牆，放下將對方物化的控制，以利彼此的親密關係能順利進入互為主體、增進認識真實彼此的「整合期」、「承諾期」及「共同創造期」等穩定愛情關係的真愛經營。特別在對理想情人充滿想像的「浪漫期」後，緊接著是混亂的「權力爭奪期」。因為人要與另一個生命經營親密關係，完成生命圓滿合一之「完整我」非常艱鉅，得付出慘痛代價，所以慈愛又幽默的造物者就讓這些受到阿尼瑪與阿尼姆斯的投射而產生相互吸引、墜入情網的情侶，在浪漫期／熱戀期中，先預嚐愛情天堂的甜蜜滋

味，才進入「磨合期」的挑戰。也唯有彼此進入艱苦的「權力爭奪期」中，因衝突讓兩人有機會碰觸到彼此的潛意識，並願意「真誠」反思自己是否「真愛」對方、「關懷」對方，而不是「物化」對方，在個性上不斷修正自己，將「鐵杵磨成繡花針」，繼續發展「完整我」。

愛情的發生通常在彼此還不是很了解的時候。這往往來自彼此阿尼瑪與阿尼姆斯的投射，就像大部分的人害怕看見投射背後真正的自己，擔心不被他人接納，害怕一旦坦誠相對就得面對被拒絕和被拋棄的危險，這確實是親密的風險，許多人因為害怕承擔這風險而選擇隱藏自己，於是關係中充滿投射與控制，持續上演各種幻想，彼此沒有真正的親密與成長。一開始談戀愛依時間先後會有兩種投射：積極投射與消極投射；前者發生在「浪漫期」，由於積極投射，在無意識中把對方的優點放大，而忽略缺點；也就是將理想情人的意象投射到對方。經歷「浪漫期」後，雙方變得熟悉，開始察覺更真實的彼此與原先想像的不一樣，兩人的現實感逐漸增強，在毫無警示的情況下，阿尼瑪或阿尼姆斯積極的意象投射會被消極的意象所取代。此時，彼此會覺察到背負這投射令人不快的那一面，即糾纏、執著和不真實的性質。彼此把自己的壞情緒歸咎於對方，曾經被視為珍寶、愛戀的情

人，現在變成最想躲避的人；開始被過度貶低，正如曾經被過度重視般。自己成了籠中鳥，情人表面上的愛實質上是一種占有和控制，彼此並不想認識真實的對方，而是要求對方成為內在阿尼瑪或阿尼姆斯所投射出來的「理想情人」的意象。

故事中的語菡與東億正面臨「權力爭奪期」，相互投射內心理想情人的浪漫期漸消退，彼此相處時間越來越多，逐漸發現對方不似自己想像的理想情人。這時戀情開始衝撞現實：「這個人的某些特質令我討厭！可是，我還沒有放棄，我可以努力改變對方，使他（或她）成為完美對象。」親密關係面臨衝突期，一開始通常採取「溫和的勸告」來試圖控制伴侶，使對方符合自己心中伴侶的形象，例如，一方覺得自己的動機是為對方好，「為了幫助你變得更好，我來幫助你，且這一切都是為了你好！」然而，當溫和勸告無效時，一切為你好的「善意」暗示逐漸變成明顯的控制和衝突、隱約的提醒變成不斷的斥責、甜蜜的請求變成抱怨的要求。最後甚至拿彼此的關係作最後王牌——「你是不是不愛我！不然我們分手算了。」權力爭奪期的形成來自消極投射，加上將對方「物化」，認為自己有「權力」去管理對方。在親密關係中如何面對彼此差異與衝突，放下這種「物化」對方「要

聽我的」、「以我的需要為主」的理所當然感，是權力爭奪期中很重要的課題。但往往有許多人無法挺過，「分手」就常在這個階段中發生；當然也有人選擇「隱忍」與「順從」對方的要求。從愛情的設計原理而言，語菡與東億兩人都未能通過「權力爭奪期」這關卡的考驗。那麼面對這時期應該用怎樣的態度來學習愛情的課題呢？

眞愛始於
「收回投射」

　　既然衝突期是親密關係發展過程中必經的歷程，我們就得進一步來探究衝突期在親密關係的成長意義。首先要探討衝突期是如何產生的呢？衝突期又稱「權力爭奪期」，主要來自阿尼瑪或阿尼姆斯意象的「積極投射」轉為「消極投射」，再加上內心深處的「不安全感」而將對方「物化」，合理化「對方應該滿足我的需求、配合我的需要」。以下先剖析「消極投射」帶給情侶們的兩種痛苦：**第一種痛苦是「受不了的影子人格」**，過去對方最吸引你的特質，現在卻成為你最受不了的，例如：過去你欣賞他的沉靜、理智，現在卻認為他沉默

愚昧，不解風情；過去愛他自信果斷給你安全感，現在卻成了自我中心；過去愛上這位男生細膩溫柔，進入衝突期時，反而抱怨他缺乏男子氣概；過去被女生的情感豐盈、活潑伶俐所吸引，現在巴不得她停止「歇斯底里」，嘮叨不停。事實上，每個人的影子人格形成來自成長過程中因社會化而被壓抑到潛意識的一部分自我，今因談戀愛才有機會透過對方顯現出來；如果能抱著「好奇」的態度去認識對方顯現在外的顯性人格（正是被妳壓抑於心靈深處的影子人格／隱性人格），就可以轉化為相互學習、成長的動力。**第二種痛苦是「生命敏感點被激發」**，常見的是個人過去的「生命創傷」。這些創傷被壓抑至潛意識，在面對一般人際關係的衝突時，不太會受到影響。但當彼此進入愛情關係時，潛意識不自覺的想從親密關係中獲得補償，導致自己產生「非理性的想法」，例如：某個人如果在童年常被毆打、虐待，可能會想找個人來保護他，於是他試圖改變、控制伴侶，依照他所要的方式；當情侶不願配合或表現不符期待時，就可能激發過去生命創傷的「敏感點」，非理性信念瞬間產生：你看不起我！你不在意我！你想拋棄我！你欺負我！你騙我！你故意傷我的心！你不相信我！⋯⋯瞬間爆發負面情緒。

　　如何順利度過衝突期，讓關係朝向真愛發展呢？個人提

供以下兩點：**首先要「收回投射」**，察覺到是我們自己把完美的愛情意象投射在對方身上，並放棄改變對方的要求，重新去認識真實的對方以及自我內在人格整合的成長，才能進入下一個發展階段——整合期（詳細內容將於第六章及第七章介紹）。事實上「收回投射」不只是在衝突期及整合期，且於承諾期及共同創造期仍要在意識上提醒自己「收回投射」。**其次是要修復自己內心的心理創傷。**有關「修復自己內心的心理創傷」，曾昭旭教授認為所有留存在生命底層的黑暗面不外兩個源頭：（1）心態停留在小孩，想找個人依靠（討愛），於是構成自私的利用而不是無私的愛。（2）受傷未癒，引發自我防衛反應，只顧自己來不及顧別人。這兩者其實是二而一，所以會受傷、難癒常常也是因為還沒長大。想要導正就是趕快長大，建立獨立人格，培養根本的自信。這樣才能凡事操之在我，不必靠別人，不必占有，也就不容易受傷；即使受傷也有能力自我療癒，這才是「成熟的愛」。有關「收回投射」，愛情有多大的程度是建立在投射之上，人類對愛就有多缺乏。當我們開始愛上某人，我們並沒有把他當作一個活生生的「主體」生命來了解；他吸引我們，只是因反映內在的阿尼瑪或阿尼姆斯的意象（換言之，就是將對方「物化」了，這並不是說我們對愛情的投射錯誤，因為若沒有一開始的投射，彼此不會互相吸引）。此時，我

們愛上的是我們自己，而不是對方。儘管一開始來自自我投射的愛情幻想美麗無比，但事實上，這是完全自私的心理狀態。只有當一個人真正地去了解另一個人，把她（他）當作真正的人來對待，進而開始喜歡並關愛，真愛才能產生。因為愛情與婚姻是「自性化」的過程，這是一個人成長的過程，通過整合意識與潛意識，成為完整的人（有關於「自性化」會在第十三章介紹）。

　　愛情學的設計原理沒有投射，就無法產生愛情。但彼此若想進入真實的戀愛關係以獲得「真愛」，需要先「收回投射」，這是親密關係中「權力爭奪期」的首要工作。「收回投射」在整個愛情關係經營的具體意義是：透過「真誠」反思自己是否能真正「自由、主動、無私」地愛對方，不再「物化」對方，並接納彼此，進入「整合期」。進入整合期這階段不是要依賴對方使自己完整，而是體認自己已經完整，以「好奇」的態度回到真實的日常生活中，透過溝通去認識與理解所愛的人本來的面貌。當你能真正認識對方，同時也認識隱藏在內心的影子人格，很自然地會靠自己逐漸長出完整的自我。彼此已不再覺得寂寞或缺乏安全感，而能「覺醒」
——男性並不需要找一個女性來使自己完整，而是認識自己心靈深處的內在女性特質（也就是影子人格或隱性人格）所

投射出來的「阿尼瑪」意象。同樣的，女性也不需要依靠男性就能體驗自己的完整性。當然，從充滿幻想的浪漫愛來說，缺乏「投射」的情人都普通如塵土。也由於這一點，許多人選擇不斷地追逐一個又一個的理想情人，卻總在投射消退後（當浪漫的愛情結束時）選擇離開，以為就此「收回投射」嗎？不，繼續在另一個港口尋找幸福。顯然這樣的選擇不能發展出真實的、永久的愛情，能夠得到真愛意味著變得成熟，和能夠承擔自己幸福或不幸的責任，而不是期待另一個人給予自己幸福。當然，這樣的真愛很難得到，需要付出努力，但回報也很明顯；只有這樣，我們愛的能力才能夠變得成熟。

第六章

情侶吵架怎麼辦？
戀愛溝通態度與課題

玩個「《牛馬橋愛情故事》的
心理測驗」吧！

—— ★ ★ ★ ——

請先閱讀以下故事，

依個人主觀的好惡（僅憑直覺）看故事中五位人物的行為，

誰是你最認同的，誰是你最不認同的？

請由 1 ～ 5 依次排列。

　　牛頭村與馬尾村靠著一座牛馬橋相通。牛頭村中住著一位富商 B 先生，一位年輕而成功的商人 S 先生，他們自己有船在兩村間來回經商。馬尾村住著 M 先生，是一間農產加工廠的小開，大學畢業後想自行創業。L 先生則是在小工廠上班的技術員。這四人同時愛上牛頭村的姑娘 H 阿美小姐，H 也喜歡這四位男士，但只能選擇一位結婚，最後 H 選擇了 M。

H小姐較喜愛長得英俊瀟灑、規規矩矩的M。然而M卻不相信H會放棄富有的B、S及身強體健的L。為了考驗H的真情，兩人約定中秋節這一天到馬尾村公證結婚，風雨無阻且不見不散。不料就在中秋節的前兩天，颳起大颱風，把牛馬橋沖毀了。H心急如焚，於是求助於S；孰知S提出條件，他追求阿美許久未果，雖甚是心痛，但他願意幫助她，但要求H必須答應與自己發生一夜情。

　　H不願意，轉而求助於B。B得知H欲前往與M結婚，斷然拒絕。在不得已狀況之下，H只好同意S的條件。第二天，S果然守諾言載著H渡河跟M結婚。M在中秋節看到H排除萬難渡河而來，甚為感動。卻從旁得知H與S曾經發生一夜情，為之大怒，斥責H不貞，拒絕與H結婚。H傷心欲絕，找L訴苦。L頗為同情與憤怒，陪H找M理論，然而M仍無法接受，最後L完全不計較H的一切，仍如一往般愛她並接納她，於是H嫁給了L。

遊戲呈現不同個性
沒有標準答案

　　這是一則心理測驗，了解他們彼此間的情況後，對故事中五位人物處理感情的行為好壞對錯給予排序。最後會發現每個人所做的排序都不一樣。這個遊戲沒有標準答案，每一種排列都可以是合理的（按排列組合，可以有 120 種排法），它只表示了每個人不同的氣質、個性、觀點與想法，個人會依據自己的觀點與想法直覺去做評判。曾讓大學生玩此遊戲，發現所見不同也都言之成理。例如有人最不欣賞的是 S 青年商人：認為 S「趁人之危」，要求 H 阿美跟他發生性行為；但也有同學表示：S 青年商人並沒有那麼壞，他只是提出條件交換，

並沒有威脅或強迫，而且 H 自己也同意。又例如有人最欣賞的是 L 工廠技術員：認為 L 是「真愛的展現」，不只為阿美「打抱不平」，最後還願意接納阿美，跟她結婚；但也有同學表示：阿美真的愛 L 嗎？當初為何沒有選擇嫁給 L 呢？再者，愛就是要勇敢表現出來，因此有同學認為這四個男人最懦弱無能的就是 L，他等三個男人廝殺一番之後，才出來撿便宜。

你會把某人排在第一位，乃因你特別容易同情這種形態的人，因此只見其優，不見其劣。反之亦然，當你聽完別人義正嚴詞的評論，才開始疑惑為何自己從來不曾這樣想過。這個遊戲的教育意義在了解自己及他人的個性，更提醒自己思考的侷限性，不要常以為自己的觀點想法就是真理，而能尊重別人，且虛心去理解別人，進而擴展自己的視野與胸襟。

這則心理測驗遊戲可以提供我們進一步去釐清「個性」與「價值觀」之不同。就心理測驗的設計而言，遊戲中只描述這五個人的「外顯行為」，並未提供他們每個人做選擇背後的理由（到底他們想要彰顯或捍衛哪些價值），所以對故事人物的價值判斷可以說是自己的內心投射，並非人物真正的價值觀。而故事中人物的外顯行為只能反應出他們的個性（也可以稱為「性格」）。心理學上所稱的「個性」用來描

述每個人的心理特質，也就是在遇到相同的人事物，個人心裡會如何思考與反應的特質（也就是跟別人不一樣，代表人的獨特與特色），其形成是由先天遺傳與後天的成長環境交互決定。個性本身價值中立，沒有好壞、對錯之分，但如果要從社會人際互動的觀點來評論，每個人的個性有優點也有缺點，也就是優點同時伴隨著缺點出現。缺點也可稱為「個性陷阱」，例如：外向個性的優點是開朗活潑、善於表達、樂於與人在一起，但伴隨的缺點是注意力容易轉移、做事武斷、人來瘋。從人格發展成熟而言，應要了解自己個性的優點，以及相對的個性陷阱，最後透過意識照亮個性陷阱，讓生命不再受其影響（莎士比亞名言：性格決定命運），並朝成熟圓滿發展。

我們以上述心理遊戲來說明，故事中五個人分別用五個英文字代表五種不同的個性特質：如下表

代稱	行為表現及所代表的心理特質	個性
B 富商	拒絕協助；Business 商業（公平冷靜的理智主義）	審慎型
S 青年商人	提出條件一夜情；Sex 性（積極創造的現實主義）	創造型

L 工廠技術員	為 H 小姐抱不平；Love 愛情（高貴寬容的理想主義）	表現型 + 神經質
M 工廠小開	英俊瀟灑，女若不貞不要她；Morality 道德（嚴肅獨斷的道德主義）	表現型
H 小姐	年輕貌美多情；Home 家庭（溫暖和諧的感情主義）	和諧型

B 先生是位富商，英文字是 Business 商業，心理特質是「公平冷靜的理智主義」，個性是「審慎型」；優點是「理性思考」（視愛情本質是一種交易，既然阿美選擇跟 M 結婚了，那彼此關係就要結束，不必再糾纏）；缺點是「冷酷無情」（你這麼有錢，念在過去也跟阿美有一段感情，連個小忙都不幫，太無情了）。

S 先生青年商人，英文字是 Sex 性，心理特質是「積極創造的現實主義」，個性是「創造型」；優點是「積極主動」、「富有創造」（認為愛一個人就會想跟她發生性行為，所以積極創造與 H 發生性關係的機會，且事後也履行約定，送阿美渡河跟 M 結婚，而且他曾經跟阿美是一對情侶）；缺點是「過於現實」、「缺乏道德理想」（趁阿美在困境時，要求跟她上床，不道德。）

M 先生是工廠小開，英文字是 Morality 道德，其心理特質代表「嚴肅獨斷的道德主義」，個性是「表現型」；優點是「理想主義」、「道德感」（認為結婚前不可以發生性行為，要捍衛這個性道德）；缺點是「過於獨斷、教條」（事實上，阿美去找富商幫忙，甚至答應跟 S 先生發生一夜情，都只是為了想要渡河跟他結婚，但他還嫌棄阿美；甚至有同學表示：背後凸顯男性的性道德「雙重標準」，不能接受自己的女友跟別人發生性行為，但卻希望女友答應跟自己發生性行為。）

　　故事中唯一的女主角 H 小姐阿美，英文字是 Home 家庭，其心理特質代表「溫暖和諧的感情主義」，個性是「和諧型」，優點是「給人溫暖」、「維護和諧」（為了愛情與家庭的和諧，願意委屈甚至犧牲自己）；缺點是「缺乏智慧」、「優柔寡斷」（阿美其實有一些更好的解決困境的方法，例如：暫時先不要渡河、或請 M 渡河過來。被迫答應 S 的條件並非好方法。）

　　最後，我們來探討 L 先生，英文字是 Love 愛情，有人認為他高貴寬容、犧牲奉獻……符合愛的真諦。但什麼是「真愛」？這太難定義了，容我們後續慢慢陳述。

愛的本質是溝通
情人吵架應抱持好奇與相愛的
溝通態度

　　愛的本質就是「溝通」，而「愛情」的溝通是一種生命的「互相碰觸」及「全面溝通」。所謂生命的「互相碰觸」第四章已經談論過，而生命的「全面溝通」是指情人之間的溝通有別於朋友間。朋友偏重在生命相同處，例如：相同的興趣、嗜好及才華；情侶間的溝通是想探究彼此生命的相異處，例如：不同的個性、性情。此外，情侶間會相互吸引，往往是因「個性互補」。所謂的「互補」就是指外表狀似對立，實為一體，相互包容，相互依賴，即「相生相容」。例如：男性在女性面前往往會想展現陽剛、理性、強壯的一面，女性在男性

面前會不經意想展現溫柔、感性、被人疼愛的一面。互補使彼此相互吸引，同時相互滿足彼此的需要，更重要的是互補可以協助開發被隱藏在生命深處的另一個自我。因此，當愛情發生時，那種「浪漫觸動」的感覺是「隱性人格」被碰觸到的整體「存在感」，剎那間兩個生命合為一體的人我「相通感」，也因此點燃與對方相愛，期待與對方相連為一體的熱望，即「戀愛」。

愛情的設計原理就是讓兩個生命透過溝通努力，重證並實踐「人我合一」的愛情理想。相較於浪漫期，這可說是上蒼給予的機緣與偶遇，不需彼此努力，便渾然天成，這可說是上蒼給予愛情理想的願景與禮物。因此，親密關係的發展過程會經歷「（1）浪漫期（2）衝突期／權力爭奪期（3）整合期（4）承諾期（5）共同創造期」等五個發展階段。愛情發生於生命偶遇碰觸所產生「人我合一」的浪漫愛；經過3～6個月，浪漫期消退就會進入權力爭奪的「衝突期」。這是因為談戀愛時彼此的心理會退回到母嬰時期，是一種不成熟的「依戀關係」。

所以，愛情的設計原理預設了三道關卡，透過情侶溝通努力，發展為成熟的、互為「主體」的親密關係。其中第一道關卡是面對衝突期時要能「收回投射」，放下對情侶的抱

怨與指責，或強迫要求對方改變，以及自我防衛，因為這些行為都不是「愛」。當做到收回投射時，才能讓彼此的愛情朝健康方向發展，並進入「整合期」。第二道關卡是當彼此進入「整合期」，揮別粉紅泡泡，走入愛情真實生活中的相處，重新面對「你仍是你，我仍是我」，希望透過彼此的溝通努力，再度呈現人我合一的愛情理想。這時，我們該抱持怎樣的溝通「態度」，以及溝通哪些「課題」，並進而增進彼此「愛的能力」呢？本章將先探討情人在談戀愛時溝通應有的態度以及要溝通的課題，至於需學習哪些溝通技巧來增進彼此愛的能力，將在下一章持續探討。第三道關卡是面對「承諾期」，也就是雙方願意進入婚姻的承諾，這部分將在第十二章探討。

整合期的意義是當彼此能改變衝突期那種想控制或改變對方的態度，以真誠「相愛」的初心，對情人這個獨特的生命感到「好奇」，進而去同理對方，並察覺、尊重與接納對方跟你的不同。因此，整合期的任務並不是要情侶彼此一致，而是要學習共享和諧的差異；抱持「相愛」與「好奇」的溝通態度，認識情人的真實層面，在相互尊重與接納中，兩人的旋律會彼此相應。所謂「相愛」的溝通態度就是一種愛的態度，試想你為何要去跟對方溝通呢？是因為你愛對

方，希望找一條與對方融為一體的道路。因此，相愛的態度要避免「假溝通之名，實際上為保護自我，或想征服對方而從事辯護與說服」。這是因為情侶與夫妻的溝通不是政敵間攻堅，不爭誰對誰錯，而是基於相愛的「好奇」（不要批判、指責與壓迫），只想積極認識真實的對方（也就是對方的顯性人格），唯有透過認識對方才能認識心靈深處另一個自己（隱性人格／影子人格），這是愛情很重要的「溝通原理」，透過彼此真誠相愛與抱持好奇的態度，絕對不只是與情人整合，更是要與內心的另一個自己整合（愛情的自性化原理詳見第十三章）。

此外，也要特別提醒：「好奇」與「相愛」的溝通態度並不是要委屈自己去「討好」對方，當對方踩到你的「關係界線」或讓你不舒服時，仍需要用溫和、堅定而不批判的態度來表達真實的感受，增進彼此的了解。

情人溝通的課題
個性、價值觀與生命盲點

　　當戀情從「衝突期」進入整合期，並非從此不再有衝突，而是能夠以「相愛」與「好奇」的溝通態度，正向看待戀愛生活中發生的爭吵和衝突，視為增進彼此理解的溝通時機。我在「愛情學」課堂上設計一個「情侶吵架怎麼辦呢？」的教學活動：首先請每位同學列出三件在談戀愛時經常為哪些事爭吵／衝突，然後經小組討論整理成八件。這八件情侶常吵架的事件原因依序如下：

1. **生活習慣不同**：喜歡吃的東西不一樣。

2. **不夠體貼**：對方個性太木訥、感受不到被

重視與被愛。

3. **訊息沒有及時回覆**：Line 不讀不回、或是已讀不回。

4. **跟異性太親密**：跟異性朋友玩得太 High、談得很開心。

5. **沒有事先報備**：跟朋友去玩或參加活動沒有事先告知。

6. **金錢觀不一樣**：對於要花多少錢買一樣東西或是一定得吃昂貴的晚餐、用餐是否 AA 制等觀念不同。

7. **生涯發展的價值觀不一樣**：對於在國內發展或出國讀研究所的觀點不一樣。

8. **亂花脾氣**：例如打電話給對方未接而暴怒，甚至懷疑對方劈腿。

　　上述吵架的原因可以歸納為三類：第一類是沒有對錯的個人「生活習慣及個性」，例如上面的 1、2、3、4、5；第二類是個人主觀認定的對錯「價值觀」，例如 6、7；第三類則是個人都沒有察覺的「生命盲點」。這三大類正是情侶談戀愛時應溝通的三大課題。前面提到情侶與朋友間的溝通不同，朋友偏重在生命相同處、情侶間偏重想去探究彼此生命相異處，透過談戀愛來開發彼此的生命人格。而一個人的生命人格組成結構，簡單來說就是由這三項所組成：（1）最外圍也是顯現在外的是不涉及對錯的「**生活習慣、興趣及個**

性」；（2）是個人主觀認為對錯好壞以及對人生所看重的「**價值觀**」，價值觀牽涉到生活的各個層面，最核心的是個人人生觀／品格，以及由此延伸擴展的工作觀、金錢觀、教育觀、投資觀等都包含在內，即面對事情、做決定時的優先順序和取捨；（3）最後構成人格最深層，連自己都可能沒察覺的「**生命盲點**」，如對愛情的依附關係是安全或不安全來自原生家庭的創傷等。

因此，情人爭吵時要溝通的三項課題可簡單歸納為：個性、價值觀與生命盲點。這三項組成人格結構的內涵，且每個人各有其不同的自我發展歷史。談戀愛時透過溝通認識對方，循序漸近：溝通的重點可優先放在認識對方個人習慣的行為表現方式，屬於個人生命人格外圍的生活習慣、興趣及個性。然後再去認識對方的價值觀；因這兩項是構成人格的積極因素。要特別提醒，當彼此關係剛進入整合期時，面對對方的生命盲點要「適時止步，等候時機」，因為這是構成人格的消極因素，即每個人生命成長歷程中被壓抑至心靈深處的陰暗面，最好等彼此有更多的了解與信任後才去碰觸。至於如何分辨這三項溝通課題呢？以下提供一則實例，供參考：

　　情侶決定利用週末假日從事休閒活動，一方習慣要事

先規劃，另一方是隨興而行，這是個性差異的問題。假日選擇從事何種休閒活動：其中一方總是選擇參與各種成長活動，認為學習對自己很重要，另一方總是去吃喝玩樂，認為人生就是如此，不必去思考什麼價值意義的問題，若彼此經常為這個老問題吵架，可能是價值觀的不同。如果一起從事休閒活動，有一方遇到看不慣的事情就暴跳如雷，或指責對方的不是，那可能是對方的生命盲點（這部分詳見請見第八章）。

最後，在面對衝突吵架時，切記不要一開始便用自己的價值觀去批評、指責或壓迫對方，應抱持相愛及好奇的態度，透過提問與對話來了解對方，讓對方有機會分享想法，而非強硬的將自我想法強加在對方身上。此外，心理學有一個「九一法則」，意思是你今天跟情人吵架，當下這件事引起極大的情緒反應，但實際上有 90％ 是因以前的事件未能有效溝通的情緒化解所累積引起，而不是現下的 10％。所以，情人吵架應把握「今日事今日畢」，不要讓今天負面的情緒遷移到下一次。再者，從愛情學的五個愛情原理來說，情侶間面對彼此生命人格中個性、價值觀與生命盲點的差異而引發的衝突是無可迴避的，因為沒有因差異引發的衝突，就無法進一步認識對方生命人格的機會（學習來自差異）。因此，

情侶間的個性、價值觀與生命盲點之差異有其正面、積極愛的意涵，且在不同階段仍會不時面臨人生課題的差異，皆需要我們抱持相愛及好奇的態度去處理。而理想的另一半個性應是「互補與相互內化」，對彼此的價值觀要能「相互理解與欣賞」，對彼此的生命盲點要能「相互諒解與包容」。然而，如果彼此已盡力溝通，仍無法化解差異時，應當如何做決定（「分手」）以及如何分手，待後面第十一章的細論。

第七章

為何對方總是不了解我？
增進親密關係的溝通技巧

智謙和羽庭從大學畢業後進入同家公司，由於畢業於同一所大學，在工作時較有共同話題。羽庭有時會抱怨公司的事情，智謙總是默默聽著，偶爾給些建議或是一起吐槽，很快便拉近彼此的距離。就在某次負責顧客投訴，羽庭遇到一位奧客，眼看個性溫柔的她快被惹怒了！負責業務的智謙挺身而出，順利處理解決，結束後他們順理成章的在一起了。

　　一開始很甜蜜，兩人做啥都在一起。但慢慢的沒那麼幸福了，智謙想趁年輕多打拚，全心投入工作，致使兩人相處的時間越來越少。羽庭一直忍到自己生日這天，心想著智謙應該會規劃浪漫的行程或餐廳吧！等到晚上，智謙傳來訊息：「妳在家嗎？快下來，我有驚喜喔！」雖然又餓又難過，但羽庭還是立馬飛奔下樓，只見智謙拿出一條施華洛世奇的水晶項鍊幫羽庭戴上，稱讚她更嫵媚成熟，又寒暄了幾句後竟說：「那就這樣囉！我先回去加班了！

生日快樂！」然後轉身騎車離開。智謙甚至心想：「羽庭現在一定感動到快哭了吧，我這麼忙還專程來送禮物，一定是最佳男友吧！」

之後只要智謙沒時間陪羽庭，就會試著買禮物補償她，以為她收到會很開心；其實羽庭沒跟智謙說，她更希望對方花時間陪伴，就算知道智謙在乎她才會買禮物，卻讓她有種被敷衍的感覺。終於，在一次智謙又因公司重要客戶急需他出面處理，臨時取消約會，並提出買衣服給她做為補償時，羽庭情緒大爆發了。電話線上的智謙一再表示抱歉，但此時羽庭已經無法壓住內心不滿的抱怨情緒，直接掛斷電話，心中卻是五味雜陳，呐喊著：「我只是想要你多陪陪我而已！」在電話另一頭的智謙，一臉茫然不知做錯何事，內心滿腹委屈與不解：「我這麼拚命工作！還不是希望我們以後結婚可以有較好的經濟基礎，妳為何總是不了解我呢？」

為何對方總是不了解我？
正視彼此「愛的語言」之差異

　　「整合期」可以說占談戀愛最多的時間，其意義是要揮別形而上的浪漫愛，回到真實世界去認識對方（與對方生命整合），同時也更認識自己（與自己生命整合）。俗話說：談戀愛就是要慢慢談，我們在前一章提到，在談戀愛「整合期」時應善用愛情學的「溝通原理」，情侶們溝通時應抱持「相愛與好奇」的態度，去溝通探索彼此的「個性、價值觀及生命盲點」，且要循序漸進，先探索對方的個性，然後是價值觀，最後是生命盲點。當情侶為尋求整合，而彼此溝通努力、化解差異時，會讓彼此關係更加信任與鞏固。但你有沒有曾經覺得

做了超多，可是伴侶卻說：你怎麼都不愛我呢？就像故事中的智謙在內心吶喊著：羽庭為何不了解我呢？接下來我們將進一步說明在整合期時，除了應有的溝通態度及要溝通的三項課題外，也應同時刻意學習情侶溝通的三個技巧：（1）正視男女溝通的差異、（2）學習「一致性」溝通技巧、（3）採取「理性溝通」尋求共識。

　　首要介紹的第一個溝通技巧是：正視男女溝通的差異，用對方能接受的方式來愛對方。美國婚姻治療及諮商師約翰‧葛瑞（John Gray，1992）發現：男女溝通方式有其根本上的差異。一般來說，男人碰到壓力時，比較喜歡一個人獨處，躲進一個空間讓自己慢慢沉澱減壓；而女人碰到壓力時，喜歡找一個人談談，特別是她的女性朋友。男人藉事業的成就和能力來建立自尊心；女人更重視關係上的成功，有沒有愛的連結。這也形成當女生說出其在工作上所遭遇的問題時，男生總急於為女生剖析大道理，以及提出解決問題的方法，孰不知此時女性只想找人傾吐而已。因此，如果不清楚這些男女性格上的基本差異，很容易在親密關係中誤踩地雷，以致火上澆油，衝突愈演愈烈。

　　此外，戀愛中的每對情侶內心均「渴望被愛」並希望對方將你放在心中首位，但每位情侶渴望被愛的方式可能不太

一樣。情侶間該如何滿足這項人性基本需求呢？美國著名婚姻治療師蓋瑞・巧門（Gary Chapman，1998）經多年的婚姻諮商經驗發現，許多衝突來自夫妻「渴望被愛」的基本需求未被滿足。而其背後原因有時並非彼此不相愛，只是雙方彷彿說著不同的語言，即用自己而非對方習慣的方式來表達愛，導致衝突不斷。他歸納出以下 5 種表達愛的常見方式：

1. **肯定的語言（Words of Affirmation）**：時常向對方表達讚賞及肯定。

2. **精心的時刻（Quality Time）**：全心全意和對方一起做他喜歡的事。

3. **精心的禮物（Receiving Gifts）**：常製造驚喜，花心思構想，送對方適合且需要的禮物。

4. **服務的行動（Acts of Service）**：展現具體行動為對方服務以表達愛意。

5. **身體的接觸（Physical Touch）**：用牽手、擁抱等肢體接觸為感情增溫。

因社會文化與家庭背景不同，導致愛的需求與表達方式因人而異，當我們想透過上述五種「愛的語言」來增進彼

此的親密關係時，得先理解另一半偏好何種「愛的語言」，否則你可能做了很多，對方卻感受不到，而有「竹籃打水一場空」的遺憾。故事中，智謙和羽庭同樣愛著對方，卻因不了解彼此對愛的表達方式不同（也就是愛的語言差異），進而造成衝突與誤解。羽庭較重視親密關係，期待愛的語言是「精心時刻」，但智謙較專注自己的工作成就，傾向以「精心禮物」來表達愛意；兩人沒有好好溝通，以致期待越多傷害越大，所以戀愛中的溝通非常重要。當然，我們都是凡人，沒有讀心術，與其在迷霧中摸索，不如設法釐清對方的「愛的語言」。例如：邀請情侶一起透過網路測試或一起玩桌遊來了解彼此的「愛的語言」，並走出自己習慣表達愛的方式去擴展練習，用對方所期待的「愛的語言」，來滿足雙方渴望被愛的需求，增進彼此的親密關係。

學習「一致性」溝通技巧
照亮彼此內在冰山

愛情的設計原理是希望開發彼此的生命，特別是個人內心深處的潛意識；相對於當事人自己知道的「意識」，占更大部分的是連自己都不甚清楚的「潛意識」。潛意識包含成長過程中被壓抑形成的「個人潛意識」（大多數是負面效應），以及人類共同願望的「集體潛意識」（大多數是較積極正面效應），這兩種構成了每個人獨特的生命。愛的本質就是溝通，但要如何透過溝通技巧來增進彼此的親密關係和生命的深層溝通呢？

我們可以運用美國家族治療的先驅薩提爾

（Virginia Satir，1916-1988）所提的學習「一致性」溝通技巧，來照亮彼此的內在冰山。薩提爾的「冰山理論」（Iceberg Theory）其實是一種隱喻，用來提醒我們，人類行為的內在經驗與外顯行為常因不一致而引起種種親密關係的困境。人類對外在的人際互動方式（外在行為）就像我們看見露在水平面以上的冰山部分，但這些看得見的可能只是整座冰山的八分之一，另外八分之七在水平面以下，即人類身體情緒的感受、感受的感受、觀點、期待、渴望及自我。因此要了解一個人，不能單看他所表現出來的行為，必須更深層的去了解他的內在冰山是什麼。薩提爾的冰山有七層，最外一層是可以看到的人際互動應對行為，例如：羽庭直接掛斷智謙電話；往內一層是感受，如羽庭目前很生氣；然後再下一層是感受的感受，如羽庭對於自己朝智謙生氣，心中有點內疚與罪惡感；第四層是觀點，如羽庭認為智謙不重視她，沒把她擺在心中最重要的位置；第五層是期待，如羽庭期待智謙能拒絕公司在下班時間才交辦的工作要求，準時赴約：第六層是渴望，如羽庭渴望被愛；最後第七層則是自我。

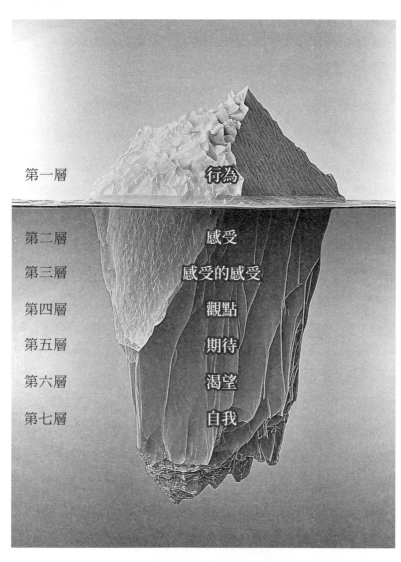

第一層	行為
第二層	感受
第三層	感受的感受
第四層	觀點
第五層	期待
第六層	渴望
第七層	自我

圖 薩提爾的「冰山理論」

薩提爾認為處理親密關係的衝突，不應只是單純解決表面的衝突行為，因為「問題本身不是問題，如何面對問題才是問題」；也就是重點不在迅速解決問題，而是要透過對對方更深層的連結來表達愛與關懷，找到問題背後更大的冰山根源。薩提爾提出學習以「一致性」的對話溝通模式，企圖擺脫人為了求生存與應對環境所發展出來的「指責、討好、超理智、打岔」等四種習慣性「應對姿態」。這四種應對姿態之所以無法達成溝通的原因是，目的並非讓彼此內心產生連結，而是為了「自保」。此外，一致性溝通不是一種策略，也不是想討好對方，而是希望在察覺與管理好自己的情緒下，讓自己的內在和諧寧靜下來，且兼顧在乎自己、情境和他人，有效表達對情侶真誠的愛、關懷與善意，並協助情侶照亮他自己內在的冰山，因此是一種有意識的選擇，是一種親密關係的「修煉」。

情侶間互動時如何善用一致性溝通來增進彼此深層的了解呢？首先要「察覺自己慣性應對姿態」，以分辨與家人、情人或在職場與人互動時，是否慣用「指責、討好、超理智、打岔」等四種無效的溝通「應對姿態」。接下來要以「相愛」及「好奇」的溝通態度，深入探索你的情侶，同時也更了解自己，其具體步驟如下：

1. **先同理感受，處理情緒，而不是只想立刻解決問題**。智謙應優先同理羽庭失望與憤怒的情緒感受，而不是提出「買衣服給她做為補償」的討好應對姿態，也不宜以「我這麼拚命工作！還不是希望為結婚提供較好的經濟基礎」的超理智應對姿態。

2. **表達渴望與對方產生連結**。智謙可採一致性溝通，表達對羽庭的愛、關懷與重視等內心真正的渴望。智謙需試著修正「討好」與「超理智」等應對姿態，真誠表達內心真正的渴望，例如：「羽庭，我能理解妳目前內心的難過與生氣，也能了解妳的委屈與失望（這是同理對方的感受），我要為我自己因工作爽約造成對妳的傷害表達歉意，妳可以不原諒我，但我是愛妳的，我很在意妳的感受，很想多陪妳，跟妳在一起（這是一致性溝通，也就是表達自己內在冰山的渴望）。」

3. **提問、傾聽與理解**。當智謙可採一致性溝通，表達內心真正的渴望時，將可與羽庭內心產生連結（能同理對方的感受，是通往對方內在冰山的有效渠道）。此時智謙可採「歷程性提問」，進一步探索羽庭的內心，例如：詢問羽庭在過去是否曾遭受類似情感受傷。智謙與羽庭這對情侶可透過一致性溝通，彼此願意更多的「自我揭露」，更深

層的理解對方。例如：智謙發現原來羽庭小時候看到媽媽
與爸爸吵架，爸爸轉頭開車離家數日後才回來，留下受傷
又無助的媽媽與年幼的自己。因此智謙因忙於工作而爽約
的行為，就勾起羽庭童年時的負面經驗，而深感被遺棄產
生憤怒的情緒（這也是為何羽庭會直接掛斷電話表達內心
的憤怒）。同時羽庭也發現：智謙的母親與父親一吵架就
選擇沉默不語，因此當他面對羽庭的憤怒時，會更加焦慮
不知如何面對。

採取理性溝通
尋求彼此可接受的共識

　　情侶透過一致性溝通的對話方式，可有助於探索與了解彼此內在冰山，讓關係更加親密，這就是愛情的「溝通原理」：先跟自己和好、整合對方和自己。一致性溝通看似簡單，事實上並不容易；很多情況是情侶彼此並不清楚自己內心的冰山，或者是雖已察覺自己慣性的應對姿態，想採用一致性溝通，但並不是以負責的態度表達，而是以控制者、受害者的方式。這是因為任何的「修煉」都需要在長期與穩定的關係中，不斷去行動、反思與修正。相信「理念重於技巧」。當對愛情原理的了解更加清楚時，溝通態度將會轉變，不會試圖去控

制、改變或責備對方，而是以真誠相愛的心和好奇去傾聽對方，如此一來，溝通技巧會越來越精熟並適合彼此。

無可諱言的，在真實情況是戀愛中的情侶雙方，彼此的生命人格發展成熟狀況可能會不一致，往往是一方相對較成熟，需要多擔待，且秉持一致性溝通技巧來協助對方，也逐漸往成長的方向邁進。但是如果智謙已透過一致性溝通來表達對羽庭的理解，羽庭仍態度強硬，得理不饒人，或更進一步挑釁，該如何是好呢？難道此時仍不可表達一點不滿的情緒感受嗎？當然不是，情侶間良好的溝通除了刻意去練習一致性溝通，深入了解對方的內在冰山外，也需進一步提出對對方的期待，讓彼此的交流保持穩定的情緒，釐清接下來雙方一起努力進步的方式。這是因為愛情在整合期最終想達成的目標並不是情侶彼此整合成同一個人，不是將所有的行動都綁在一起，而是共享和諧的差異。兩人可以保有原本的主體性，不需要被迫配合對方的旋律，而是在相互接納中，彼此都可以放心地說出對另一半的期待，兩人的旋律彼此相應，這就是愛情的「溝通原理」。

那麼該如何「共享和諧的差異」呢？首先要定位清楚：情侶間愛的溝通是以「感性」為主、「理性」為輔。所以在整合期需要培養面對彼此「差異」的部分（可能是生活習慣、

個性或價值觀等），除了上述兩項「正視男女溝通的差異」及「一致性溝通技巧」等「感性」技巧外，當面對對方的溝通是非理性的意氣用事情況時，要適時導入「理性溝通」的技巧，也就是先處理情緒，再處理事情。所謂「理性溝通」指「理想的對話情境」是雙方互為「主體」，而非將對方視為「客體」，因為真理不在「客體間」，而是在「主體間」。所以情侶間面對衝突時應先採取「一致性溝通」來處理情緒問題，再透過理性溝通達成彼此能接受的「共識」。在需要雙方互為「主體」的「平等」基礎上表達彼此的期待。承上故事，當智謙運用「一致性」溝通技巧仍無法獲得羽庭的理解，而陷入非理性的情緒化對立狀況時，智謙可選擇先逃離現場：「妳的情緒讓我感到很不舒服，如果妳無法冷靜一點地來溝通，那這次我們先停止溝通。」表達你的感受，阻止對方再用不適合的情緒化來溝通，表達清楚你的底線。情侶間不論哪一方過度堅持都不是好的溝通，更何況許多事情往往很難有「對與錯」。當彼此冷靜下來，仍要面對衝突的問題，最好採取「協商」的雙贏溝通策略來解決問題。

接下來，智謙需要聚焦透過協商方式，實際解決工作問題所造成的衝突點，例如：智謙被公司要求下班時間仍必須趕去處理客戶的問題，這是因為智謙位於公司的業務部門，

而羽庭歸屬公司的客服部門，兩者工作性質不同，工作時間也有差異（這是彼此生活的差異點）。此時可運用「理性溝通」，真理不在「客體間」，而是在「主體間」的觀點，也就是說想要處理智謙與羽庭工作時間的差異，不宜用「男主外、女主內」這個被社會性別角色刻板印象的觀點來硬性要求智謙與羽庭遵守，而應該由智謙與羽庭互為主體進行對話，透過理性溝通對話可「理解性、真實性、適切性及真誠性」的原則，創造出彼此都接受又妥適處理差異點的共識解決方案，例如：羽庭願意尊重智謙因擔任公司業務而超時工作，下班亦會因臨時急需處理客服需求，被迫加班；但智謙也不可天天加班，得約定一星期的加班次數，且一星期中一定得騰出幾次時間陪伴羽庭。

第八章

無法自拔的戀情
——愛情病理學

幸運的人用童年治癒一生，不幸的人用一生治癒童年。郁婷在念碩士時和念博士的德凱走得很近，大家總猜想他們一定有曖昧關係，但兩人不承認也不否認。郁婷長得秀麗、纖瘦，配上柔美臉蛋，頗有瓊瑤筆下不食人間煙火的女主角氣質，周遭學長學弟們對她莫不心儀；卻也令人忿忿不平，因為他們奉若女神的學姊，竟跟聲名狼藉的德凱在一起。一天夜裡，郁婷打電話給閨蜜，在電話裡她歇斯底里的哭喊，她喝了很多酒，情緒極不穩定。兩人真的在交往，在郁婷的租屋處同居，互相照料。

愛玩的德凱總有數不清的豔遇，郁婷卻仍願意痴心守護，等待他定下心來。只是這過程太煎熬了，身旁的人總提醒郁婷要早點離開德凱。有一次她逮到德凱劈腿，誰知德凱竟嬉皮笑臉地說：「這麼多女人想跟我在一起，看誰撐得久囉！誰撐得久，我就是誰的。」郁婷真的次次撐下來，她原諒德凱的次數用十根手指頭也數不完。德凱卻變

本加屬，將認識不久的年輕美眉帶回兩人住處。那天郁婷提早回家，撞見兩人衣衫不整地在床上，憤怒的郁婷和這位女子大打出手，德凱冷漠地在一旁觀看，離開時還丟下狠話：「妳為什麼還不放過我？我和妳撐這麼久，是因為妳會幫我做研究，我可以輕鬆拿到學位，妳真的都不明白嗎？」

　　在相處的過程中，郁婷才知道德凱其實是一個很可憐的人，從小父母分居，沒有人真正關心過他。德凱很渴望被愛，郁婷天真地以為自己可以給他全部的愛，補足他所缺乏的。郁婷自己非常討厭父親，因為父親會家暴又外遇不斷，讓郁婷感到恐懼卻又無可奈何。郁婷無法理解母親為什麼選擇這樣的男人，也因為如此，她對母親抱著某種怨恨，可悲的是，她自己竟也選擇了這樣的男人，她心中充滿痛苦和羞恥等種種複雜的情緒，自己的感情就像是父親和母親的翻版……。

當愛情像毒品
小心愛情上癮症

　　健康的愛情關係是一種從「依戀」到「獨立」的成長歷程，彼此學會以真誠的態度來表達愛、關懷與善意，共同經營長期與穩定的親密關係。但若孩童時期沒有獲得足夠的安全感與歸屬感（即不安全依附關係），可能導致日後在愛情中遲遲無法發展成健康的親密關係，甚至傷害自己也傷害對方。文中郁婷明知德凱的愛情模式如此自傷也傷人，卻又不肯離開，就如同知道吸毒不好，但又戒不了。日本心理學者伊東明（2003）把這種的扭曲的愛稱為「愛情上癮症」：愛情就像毒品一樣，知道不好又離不開，且一再重蹈覆轍。從醫學的觀點

而言，任何稱之為「症」的都是一種「病態的症候」，是指正常的運作已出了問題，需要醫治。

我們如何警覺自己的愛情是否陷入「愛情上癮症」呢？伊東明指出這種扭曲的愛甚至是病態的愛有以下六點特徵：

1. **當愛等於痛苦的時候**：如同故事中郁婷及德凱的處境，彼此的愛情關係基本上是痛苦的。

2. **陷入分手與不分手的泥沼中**：故事中郁婷明知德凱不好卻離不開他。

3. **認知系統發生扭曲，只能默默承受**：愛情上癮症當事者總認為這些虐待終有一天會結束，對方有可能會改變，而且只有自己有能力改變對方。即使對方劈腿，仍認為對方只會真心愛我一個，最後他一定會發現：「還是只有我最好」等。如同郁婷認為德凱跟其他女生上床都只是玩玩而已，德凱最愛的只有她，她也相信總有一天德凱會回心轉意。

4. **帶有強迫性的行為**：如同文中郁婷的生活作息都被這些事包圍，亂了步調，但每天想的仍只有德凱。

5. **不停的在原地打轉**：這種扭曲的愛情關係會不斷重複固定

的模式，即使最後郁婷還是離開德凱，但若沒有自我察覺，仍然會和下一個男生開啟同樣的愛情模式。

6. **挑戰外面的世界**：愛情上癮症的戀情幾乎不被外人看好，甚至會督促分手，但對於當事人來說，愛情阻力愈大，反而愈充滿魅力，因而築高自己和外界的牆，把自己封閉起來；和朋友漸漸疏遠，且盡量避免談到和自己有關的痛處，將煩惱隱藏起來；或是告訴別人自己過得很好，戴著面具和周邊的人相處。

此外，愛情上癮症可大致分為四大類型：第一類是「共依存型」（無法從苦戀中脫身的人）、第二類是「逃避依存型」（害怕幸福的人）、第三類是「浪漫上癮型」（迷戀在激情遊戲中的人）、第四類是「性上癮型」（藉著性愛撫慰內心痛苦）。

故事中郁婷對德凱的愛情模式可歸於第一類「共依存型」：這類人總是遇人不淑，專挑對自己不好的人談戀愛。例如，總是愛上吃軟飯的小白臉，就算被打也不分手，在愛情中一再被利用。他／她們內心深處，有強烈「被需要」的渴求，只要對方以甜言蜜語道歉，他／她們立馬心軟，讓痛苦不斷重複、循環。共依存型是一種父母與子女的依附模

式，走不出來的原因是因他們一直在追尋失去的愛。德凱對郁婷是一種「逃避依存型」，此類型的人往往會吸引「共依存型」的人交織成愛戀的鎖鏈。他們害怕親密關係和承諾，不習慣跟人溝通或分享心事，亦是花心一族，只想遊戲人間，習慣當個獨裁者，擺出高高在上的姿態，不肯跟人貼心交流。此外，他們的心隔著厚厚的牆壁，外面的人根本無法進入，因為他們非常害怕自己受傷。

愛情上癮症
是把愛情當作一種「心理遊戲」

　　人們為何會「非理性」走上愛情上癮症呢？我們如何協助愛情上癮症重新走回健康的親密關係呢？心理學家艾瑞克・柏恩（Eric Berne）在 1960 年代中期發展「人際溝通分析」（Transactional Analysis，TA），提供精神病理方面的分析，認為人類最初的幼童生活經驗，即使當時無法描述，仍然可真確地被人類高度傳真錄音機（例如大腦）記錄下來，而在日後重演。這個理論可以解釋為什麼我們在成年以後的生活，還會不斷重複年幼時的方法，即使這個方法會造成現在的痛苦或自我挫敗。此外，該理論在行為改變上強調：不管從

前發生過什麼，人類對自己的未來仍應負起責任。因為我們擁有選擇的自由，可以主動地改變，而不是被動地適應，促使我們達到自我控制。

童年經驗如何影響現在的生活呢？柏恩提出「人生腳本」（Scripts）這個核心概念。「人生腳本」是潛意識對一生的計畫，在童年時（大約六歲左右）就已形成，且在成長過程中被父母親所強化，自生活經驗中得到驗證。人生腳本當然不是真的腳本，而是在各種體驗中得到的感受，然後在心中寫下「自己一定會這樣過一生」的腳本。這一切來自潛意識，自己沒有察覺，而在成長過程中為了生存學到的，然後人生一路循此發展下去。人生腳本的形成過程是由「經驗→認定→心理地位→行為腳本」的強化，最後形成下列四種生活態度／心理地位：（1）我不好－你好、（2）我不好－你不好、（3）我好－你不好、（4）我好－你好。只有最後一項屬心理健康的態度，其他三種均是不健康的心理遊戲。所謂的「遊戲」就是在做一件事的過程中隱藏了「內在的動機」，且符合下述幾個條件：不在成人自我的覺知之內。在行為轉換前，這個動機一直沒有外顯化，結果造成大家覺得混亂、莫名其妙，而且都想怪罪他人。

愛情上癮症有各式各樣的心理遊戲，我們可以從角色

的轉換來分類。在上述故事中，德凱與郁婷雙方都是基於各自的人生腳本，進行一種「迫害者轉換成受害者」的心理遊戲模式：德凱所玩的心理遊戲叫「踢我，自作自受，討打，找罵挨」（Kick me），郁婷玩的叫「你被我逮著了，狗娘養的。」（Now I've Got You，Son of a Bitch，簡稱 NIGYSOB）。他們為什麼要玩這樣的愛情遊戲呢？其背後隱藏的「內在的動機」是加強自己原有的人生腳本，蒐集點券，以兌換預期的結果；或用自己過時但已習慣的方法來生活，加強人生劇本中對自己、別人和世界的想法，再次肯定自己原有的生命位置等。遊戲源於小時候未解決的共生關係，可能是想維持不健康的共生關係，也可能是對其反抗的結果，既可以維護原有的參考架構，亦把責任轉移至他人身上，是一種獲得強烈安撫（不管是正面或負面的）的可靠方法。

不安全依附關係
寫下悲劇的愛情腳本

從上述的愛情上癮症再到人生腳本及心理遊戲，我們發現均與孩童時期原生家庭的親子關係有關，然其背後的心理機制到底是怎樣形成呢？我們可運用「依附關係」理論（attachment）來探究。「依附關係」最早是由英國心理學家約翰·鮑比（John Bowlby）於 1969 年提出：人類跟哺乳動物一樣，幼兒生下來都需要父母的悉心照顧，否則無法生存下來。也因此嬰兒對其主要照料者（一般為父母）產生依賴的「依附關係」。1978年，約翰的學生瑪麗·愛因斯沃斯（Mary Ainsworth）根據當嬰兒需要父母時，父母對

嬰兒的行為和回應程度，也就是教養方式，形成嬰兒與父母之間三種依附類型：「安全型」依附、「焦慮型」依附及「迴避型」依附。後面兩種屬於「不安全型」依附。1987 年，哈珊（Hazan）和薛佛（Shaver）也發現，當人們在談戀愛時，彼此的心理就會退到嬰幼兒時期小孩與父母的關係。因此，母嬰依附關係也同樣適用於解釋成人在處理愛情的親密關係，證實成人親密關係幾乎承襲且複製了童年時和照顧者的依附模式。故事中郁婷因早期父母的教養方式，親子間為不安全的「焦慮型」依附關係，形成了「我不好，你好」的心理地位和早期決定（我是不好的、沒有價值的、沒有人會愛我，但是只要我能犧牲奉獻、照顧別人，就會有人愛我，那我就是好的、有價值的），進而寫下日後的人生腳本，其中包含了悲劇的愛情腳本，形成愛情的重複行為模式，藉玩心理遊戲（「讓我逮到你了，你這狗娘養的」VS.「踢我」）來完成注定的愛情悲劇。更有極高的機率會不斷的重演，陷於輪迴之中。

事實上，郁婷與德凱兩人內心渴求愛卻不相信有人真的愛他，所以用心理遊戲的方式來應證：沒有人會真正無條件的愛我。例如：德凱會一直劈腿，又說「誰撐得久，我就是誰的」。表面上合理化思維是在「考驗對方是否真正愛我」，

然而其內心真正的想法是：「沒有人會愛我」。郁婷的合理化思維是「他會被我感動，會為我改變」，然而內心潛意識是：「男人都不是好東西，都不會無條件真正的愛我。」

圖 愛情病理學的心理轉機

改寫人生劇本
愛別人之前先愛自己

　　　　經典日片《令人討厭的松子一生》深刻體會到「幸運的人用童年治癒一生，不幸的人用一生治癒童年」這道理。所有留存在生命底層的黑暗面，不外乎兩個源頭：一是人格不成熟，總想找個人依靠，渴望被愛而討愛，實則不愛自己也沒有能力愛人；二是受傷未癒，引發自我防衛反應的「受傷模式」。歸咎兩者背後的成因都是此人還沒長大。國內愛情學大師曾昭旭認為：「導正之方，根本處就是趕快長大，建立獨立人格、培養根本自信。這樣才能凡事操之在我，不必靠別人，不必占有，也就不容易受傷，受傷了也有能力自我療癒。」「療癒」

就是允許自己會有「覺得不完美」的陰暗面出現，並願意去感受自我的「負面情緒」；透過意識認知覺察童年的「受傷機轉」，選擇勇敢面對潛意識的內在受傷小孩，最後展現對內在小孩「無條件的愛」（也就是愛自己，不管自己多麼不完美，你都值得被愛）。此時，這些許多內心的負面情緒自然獲得釋放。

如果你想從扭曲、病態的愛情腳本中走出來，並且學習建立健康的親密關係，可參考以下步驟來翻轉你的人生：

Step1. 覺察自己的愛情腳本。覺察自己是否總是重演一樣的愛情故事，扮演一樣的角色（受害者），找尋相似的人（或同樣的人），和你一起演這齣愛情遊戲的戲，發現自己原來內心深處渴望愛，但潛意識中又不相信愛（不相信有人會無條件的愛我），所以才會一直輪迴其中，無法自拔。

Step2. 探索自己的內在需求。了解自己無法離開這段關係，是因為內心深處渴望被關心、被重視、被需要、被認同與被肯定等的內在心理需求。

Step3. 撫慰自己的內在小孩。回溯自己的童年經驗，看見自己的童年創傷，告訴自己已經長大，可以保護自己、照顧自己、愛自己。

Step4. 相信自己值得被更好的對待。改變自己的「非理性信念」，如：破除「非他不可」的想法。他能愛我很好，但我也能愛我自己，相信自己值得被愛（更好的對待），其他人也可以為我帶來幸福。並且要能釐清：「不這麼做，就不會被愛」與「做不做什麼事跟會不會被愛無關」。揮別「我好－你不好」、「我不好－你好」、或是「我不好－你也不好」的悲劇性人生腳本，改寫成為「我好，你也好」的正向人生腳本，跳脫「人生腳本」與「心理遊戲」的控制。

Step5. 拒絕無理要求，用行動愛自己。設定自己的底線（界限），勇於拒絕無理或過度的要求，重建自己的生活，做能讓自己覺得開心和被愛的事情，規劃追求自己想要的目標。

愛情並非全然是命運或偶然的契機所形成，而是來自家庭中親子關係或過去經驗累積所造成的「人生腳本」，進而影響每個人往後的戀愛模式。病態的愛情關係來自童年時期原生家庭的受傷機轉，是個人不自知的潛意識，是談戀愛時雙方在「整合期」要溝通的一個課題——「生命盲點」。從愛情設計的原理來談，唯有談戀愛時雙方才有機會碰觸到心靈深處的「黑暗面」／「陰影」，愛情本身具有療癒彼此生命盲點，重新建立健康依附關係的功能。「真誠的愛情」才

是最佳的療癒，要維持現狀還是改變人生腳本是你該做抉擇
的時刻了。

第九章

性愛選擇題
——區分性吸引
與真正的愛

文惠時常抱怨男友晉承整天忙工作，不太理會她，哪怕她不斷主動打電話邀約，但晉承仍僅偶爾會跟她短暫見個面。即便如此文惠從未考慮放棄，她說兩人之間有一股很深的吸引力，只要在晉承身邊，她就會覺得很興奮，很想靠近他；不管兩人一起做什麼或說什麼，她都會很開心。從大學時起文惠認識許多男人，可是鮮少有人可以給她這種整個人都被電到的感覺。文惠強調自己跟晉承中間有一種特別的連結，雖然才認識三個月，可是當她望著晉承的眼睛，就會覺得兩人似乎幾輩子前就在一起了，因此文惠認定晉承就是她的影子人格、靈性伴侶。

　　晉承是公司裡能吸引女同事多看一眼的帥哥之一，大學剛畢業的文惠跟他同部門，遇到不懂的業務，晉承都會很主動的幫助，讓文惠倍感溫馨。有一次晉承主動邀約文惠下班後一起用餐，文惠一口答應，很快地兩人的戀情成為辦公室的話題，文惠雖然有些小尷尬，內心卻雀躍不已。隨著關係升溫，就在他們交往滿一個月後，晉承提出希望和文惠有更親密的性關係，但文惠婉拒了。就在上個週末，晉承再次對她提出性邀約，並以堅定的語氣對文惠說：「性行為能更增進彼此的關係，也可證明妳是愛我的；如果妳

仍不願意，那我就去跟其他的女生上床。」文惠雖然猶豫，但因她真的很喜歡晉承，且不願意他和別的女生上床，於是答應了。但令文惠不解的是，自從和晉承上床後，晉承開始對她愛理不理的，這讓文惠開始懷疑晉承是否真正愛她。之後晉承也曾主動約她，但幾乎都是臨時打電話叫她出來，而非提早約，且幾乎都是去汽車旅館上床。這造成文惠許多麻煩和委屈，例如：文惠不得不改變原先已安排好的計畫，可是她仍繼續忍受被這樣的對待。

近日，文惠的好友小娟發現她老是臨時取消與自己的約會去找晉承。身為閨蜜總包容她，也希望她能遇到好男人，故不以為意。但納悶為何每次文惠跟晉承約會回來後都悶悶不樂，於是追問她。結果讓小娟非常生氣並質問：「妳不覺得妳值得一個會主動關心妳、尊重妳，不會用跟其她女生上床來威脅妳的男人嗎？」文惠卻說：「我等了好久，好不容易找到一個讓我這麼有感覺的男人，當然不想放棄。」小娟感到不解：文惠到底中了晉承什麼毒！

有吸引力
並不等於是適合的人

　　我們應如何決定是否要有性行為的呢？
又如何選擇性伴侶呢？性如何影響兩人的關係
呢？妳是如何區分對方只是想跟妳發生性行為
而不是愛妳的呢？網路流傳這麼一段話：「當
一個男人主動去接近妳，並說他喜歡妳，被人
喜歡的女生，總是暗暗喜悅。男人對於喜歡的
異性會想去接近，妳應該能明白他的心意。但
因性而接近妳的男人都是渣男嗎？男人看到喜
歡的，就想靠近妳、誇讚妳，基本上都是受到
性的吸引所驅動。但問題就出在這裡，女人很
容易將男人對她的慾望解讀為愛情。」此外，
網路上另一段男人老實說：「男女間的衝突在

於彼此的目的不一：男人要性、女人要愛，簡言之，男人想要與女人上床，但需要偽裝目的，於是以愛為名的謊言就誕生了。」

　　故事中的文惠是一個典型的例子，是常見的單方面情感投射暈船現象，也就是說兩人的阿尼瑪與阿尼姆斯並沒有同時產生投射作用，晉承並沒有跟她碰觸到心靈隱藏的某一個相應點。這段關係的開始可能只是晉承基於「性」的需求，主動接近女方，導致文惠把跟晉承之間單方面的投射來電，誤解成為一種很特別、很深的連結；又加上文惠跟晉承有了多次性行為，被荷爾蒙影響（此部分將在下段說明），難以離開不對的人。真愛常伴隨「陷阱」，相較於男性，女性往往會把男性的吸引力解讀為靈性伴侶；就算關係很差，對方對她不好，她也深信不移，認為：「我們上輩子就在一起，所以這輩子也要在一起，才能夠完成我們的功課」、「我跟他的關係是老天爺安排指定的，無論如何就是要在一起」。試想，如果對方真是妳的靈性伴侶，他會對妳不好，使妳受苦嗎？當約會見面只做身體的「性溝通」而非「心靈」的溝通，又怎麼算是靈性伴侶呢？

　　事實上，有吸引力並不等於是合適的人，即使一開始兩人的碰觸來自彼此心靈深處的阿尼瑪與阿尼姆斯的相遇而

相愛，但那也只是啟動發展為愛情關係的最佳機緣，後續仍需要經歷愛情關係發展歷程的層層關卡（浪漫期、權力爭奪期、整合期、承諾期、共同創造期等五歷程）。所以，不管對方對妳的吸引力有多強大、多激烈，仍需要花足夠的時間交往，才能認識對方的個性、價值觀與生命盲點等，思想看看兩人是否合適。重要的是對方是否真正對妳好、是否真正愛妳……最後才能確定對方是否適合成為妳的終生伴侶。然而，如果在關係剛開始，尚未經歷一段交往過程確認對方是否為合適的人，是否跟妳一樣渴望真誠相愛，就跟對方發生性行為，會讓人誤以為對方就是「對的人」；因為產生的聯結與多巴胺的興奮使人盲目，無法真實看清對方的缺點，也看不到兩人不適合的點。再者，當雙方進行性行為後，關係就會停止成長，因為性行為後的歡愉易轉變為情人相處的主要焦點，此時不只彼此的關係受到傷害，也傷害彼此的自我價值感。

性愛後荷爾蒙
會影響妳的判斷力

　　《大腦說：性不性，有關係》一書中曾提出最新腦科學的研究：人類為繁衍下一代，必須靠男女建立關係、受孕，一起共同撫養孩子，直到他們可以自己照顧自己，一代傳一代循環下去。演化的結果，使人類的大腦在性行為後分泌兩種荷爾蒙：多巴胺（Dopamine）及催產素（Oxytocin），強化男人與女人的關係連結與親密感，以利生殖與養育行為。多巴胺是一種胺類荷爾蒙（amine hormone），由大腦神經細胞所分泌，也稱為神經傳遞物質，其主要的功能是讓大腦產生「獎勵機制」，就是當做了某件事（例如：性行為、吃美食、運

動），大腦會分泌多巴胺，產生令人感到興奮與愉悅的感受，以增強該行為持續發生。其作用的機制跟吸毒一樣，所以性成癮與吸毒成癮的生理機轉是一樣的；一旦成癮，要戒除都需要花相當的代價。另外催產素是一種哺乳類動物激素，是由下視丘產生，由腦下垂體後葉分泌。可分為以下兩種產生方式：當女性生產後會大量分泌，讓女性與嬰兒產生緊密的連結並刺激分泌乳汁。此外，若女性與男性發生性行為後也會大量分泌，使女性跟與她發生性行為的男性產生緊密的連結與信任感。

從上述大腦科學的研究可知，發生性行為後分泌多巴胺及催產素等生理機轉有利於男女兩性經營長期穩定的關係，讓雙方可共同生育及養育下一代，這樣的機制經過百萬年的演化流傳下來。當然從科學角度來說，男女發生性行為後分泌多巴胺及催產素等生理機轉都是「價值中立」，不涉及道德與倫理，卻深深影響我們的行為與決定。也就是說，體內分泌多巴胺與催產素是被動的，它無法分辨這位男性主動邀約跟女性發生性行為，是否因他真心愛著這位女性或者只是一種「性需求」。試想，如果這位男性只是基於「性需求」，沒有想跟這位女性建立關係，也不是真正愛她；但女性跟這位男性發生性行為後，體內仍會分泌大量催產素，此時，在

催產素的作用下女性卻仍對男性產生緊密的連結與信任感。反觀之，催產素對男性會產生相反的效果，會增加男人的壓力；因為當催產素升高時，男性的睪酮素會降低，一旦男性睪酮素低於一般濃度時，男性便會覺得不對勁，想抽身離開這位女性，跟她保持距離。這也是為何當文惠答應與晉承發生性行為後，晉承就對她愛理不理的。除了來自生理上男性睪酮素下降的影響外，人畢竟是有良心的，晉承自知「他欺騙文惠感情」，來自良心譴責導致晉承想躲藏：因為看到妳，就會提醒這是我的羞恥。只是這個來自內在的良心譴責與性慾望的強烈需求相比較微弱，因此，當晉承沒和文惠在一起一段時間後，睪酮素又逐漸回到正常的濃度，他便開始主動接近文惠，卻僅僅想要做愛，無意跟文惠有心靈的溝通。

催產素可能會導致彼此還不夠認識就「黏上」對方，特別是會影響女性，讓女性對這位並不愛她，只想跟她發生性行為的男性變得異常執著。當她「黏上」對方後，才發現那位男性並不適合自己，這時想跟對方分手會變得很痛苦。再者，很多女性不願意選擇分手，也不願意尋求協助，是因為性行為是一種隱私，很難跟他人訴說。那麼，是否也有一種可能是彼此先發生性行為後，男士愛上這位女生呢？也就是所謂的「女人是先愛後性，男人是先性後愛」這種現象呢？

當然也是有此可能，只是這些風險與責任需要女性個人自行評估。此外，也要特別提醒的是：當初兩人是因著怎樣的動機進入關係，會影響往後長期穩定親密關係的經營，如果能一開始就抱持著正確的動機，相對來說比較能確保將來關係的經營朝向更健康的方向發展。這本書主題是探討「愛情」，主體當然是「愛」，而不是「性」。所以，個人的建議是不需要讓自己冒那麼大的風險，先好好認識對方，確定對方合適，再跟他發生性關係。

分辨性吸引
與眞正的愛

　　進入關係的「動機」會決定關係是否健康，不健康的動機將會吸引不健康的關係，那要如何區分彼此進入關係的動機是「性吸引」還是「眞正的愛」呢？首先我們要從性教育的觀點來論述一下「性（sex）」與「愛（love）」的關係。人類的性較動物複雜許多：每個動物都有特定的動情期，也只有在這段期間動物才會求偶、交配及繁殖下一代。但當人類進化為萬物之靈後，人類的性已沒有動物那種固定的動情期；進一步來說，只要到青春期以後，隨時都可以引發性衝動，隨時會想找對象發生性行為。因此，經長期演化結果，引發人類

性衝動的主要機制，不只是單純的賀爾蒙，而是我們的「大腦」，即人類主要的性器官是在兩耳之間的大腦，而非兩腿之間的生殖器官。動物交配是很單純的為繁殖下一代而產生性行為，有固定的交配期，很自然且不會有過度或欺騙的問題。但相較於動物，我要如何成為性慾望的主人，讓性成為表達愛的一種方式，而不是淪為性慾望的奴隸，是生而為人的成長課題。人類的性顯然不再是單純的生殖作用，因此，自 1970 年代以後，人類性學提出「全人的性（sexuality）」這樣一個新的整體觀點，認為人類的性應包含性的生理、心理、社會及心靈等四個層面，來取代偏重生理層面的性（sex）。「全人的性」彼此交互影響，在男女兩性及不同年齡階段，此外，這四個層面的發展也會有所不同。這些來自科學的實證研究有助於我們去理解：為何唯獨人類社會才有「愛情」，因為只有人類的性有「心靈層面（spirit）」，而愛情正好發生在心靈層面。

俗話說：「男人為性而愛，女人為愛而性。」也就是說：男人會為了獲得女人願意跟他發生性行為，而隨便說出「我愛妳」；反之，女人會因為喜歡這男人，怕拒絕男人的性邀約後，男人會離開她，而付出她的「性」，以獲得男人對她的愛。當然這樣的詮釋，並不是說女人不需要「性」，

而男人不需要「愛」。因此，也有另一個詮釋是：「男人對性愛的追求是更直接一些、外露一些；而女人對性愛的追求是間接一些、隱諱一些。如果說女人最終的目的是愛，男人最終的目的是性，不就意謂男女是把愛和性分開嗎？」從大腦科學的證據顯示：負責性與愛位在大腦的不同區域（性慾望來自「下視丘」、愛來自「前額葉」）；純就生理而言：性與愛是可以分開的，因分屬不同大腦區域，無論男女都可能跟沒有愛情關係的人發生性行為。且因為男性的精子每天都在製造，同時天天分泌睪酮素，相較於女性一個月只排一次卵，男性在性慾望往往較女性高。女性因為有懷孕、哺育與照顧嬰兒之考慮，較希望找到愛，找到願意承擔、共同一起照顧孩子責任的男性。因此，真實的情況是，男女對於性跟愛間的關係有顯著的不同：男人傾向選擇「性」與「愛」分開，女人傾向選擇「性」與「愛」不可以分開。就愛情設計原理而言：性和愛應是融為一體的。性是表達愛的一種方式，所以理應先彼此相愛，性行為之發生自然水到渠成。

如何判斷對方主動接近妳是「性的吸引」，還是真的想和妳發展成為「真正的愛」呢？是否有一種科學儀器可以協助情侶們做正確的判斷呢？這一直是神經科學家感興趣的議題：是否可以透過腦部磁振造影（MRI）掃描情侶雙方的大

腦，來判斷彼此是否相愛呢？很遺憾的是這項科技的研發還有一大段距離，因為人類的愛情實在太複雜了。話雖如此，個人尋思從愛情原理的觀點，提供以下三點供大家參考：

（一）在熱戀期答應對方的性邀約是個高風險的選擇

愛情的發生來自彼此的「投射」，雖然還不是很認識對方，但在熱戀期積極投射下，會把個人內心完美的愛情理想投射到對方，對他充滿了性的幻想和渴望。因此，需要察覺在熱戀期愛情的投射作用下，較容易答應對方的性邀約，此時誤判的機率是比較高的，例如：產生愛的感覺若只是單方面投射，當然會給自己帶來傷害；若產生愛的感覺是雙方同時投射，是二人生命的真實碰觸，更要珍惜這好機緣，讓彼此的戀情能持續往心靈溝通的健康關係方向發展，避免因太早發生性行為使彼此關係反而停留在肉體的溝通上。

（二）分辨性的吸引與愛情關係的行為指標

性的吸引典型常見的行為指標有：對方讓你覺得他是被你的外貌和身材吸引。他好像把你當作物品，只喜歡你的某一面，而不是把你當成完整的人去喜歡。他對做愛很感興趣，卻沒有興趣與妳做心靈溝通。對方讓你感覺到只是把你當洩慾工具，例如發生性行為後，馬上起身離開，而不是擁

抱纏綿一會，只在意「做了沒」，而不在意做愛過程中妳的感受。如果對方與你交往表現出以上幾點，那麼基本就可以確定，他只是想和你上床，沒想過要跟妳建立親密關係。

而愛情關係典型常見的行為指標是：妳說不出來具體喜歡他什麼，他給妳的感覺是既熟悉又陌生，但還是愛他。你們可以花大部分的時間僅僅是在一起，不做愛。你們有說不完的話，想跟對方分享，經常忘記時間的流逝。

（三）拒絕不想要或感到猶豫的性邀約

對男人來說：「如果把對方當作結婚對象，就不會輕易與她上床；如果跟她上床，就不會以她為結婚對象。」有位大四學生是全校公認的大帥哥，在他的模擬約會作業提出一個感情的疑惑：「自己也不知道為什麼，以前跟女生交往，一心只想趕快邀她上床；但是自從遇到現在這位女孩，只想讓她感受到被重視，擔心她覺得我動機不純，導致我到現在還不敢邀她上床。」我回答他：「我想，你應該是愛上她了。」

男人主動接近女人，如果只是為了「性」不是為了「愛」，往往會因「目的性很強」，而千方百計乃至花言巧語的承諾：如表達妳是他的唯一、會愛你一輩子，希望用最短的時間想辦法讓妳跟他上床，以便他可以繼續捕捉下一個獵物。因

此，當妳還有點猶豫，他可能會採取脅迫的方式告訴妳：「如果妳不跟我上床，我就要去找願意跟我上床的女生。」正如故事中的晉承。相反的，如果男生真正愛妳，他會尊重妳，因為愛就是「關懷、責任、尊重、了解」。

第三篇

回歸愛情——愛情的實踐

第十章

愛情沒有對錯
只有真假
——真誠面對愛情的「誤區」

深夜，女孩一個人躺在床上望著天花板，記不得是哪一天，她提出分手，原因是自己不愛了。男孩的反應很激烈也不諒解，女孩對於男孩的回應深感疲憊。今天之前，她從未哭過甚至不知道自己是否悲傷，彷彿一段關係沒有開始，也沒有結束。男孩不答應分手，說著自己還願意努力，然而，女孩卻不再相信了。

　　看著男孩的訊息，女孩有著深深的負罪感，字裡行間都是質問，看得出他不相信女孩不再愛他了。女孩深深理解這種感受，但，她又能怎麼辦呢？她也懷疑這一年的感情是否真實存在，自己真的愛過對方嗎？如果沒有，是不是欺騙了男孩一年多的歲月？她再次點開自己一年前寫給男孩的日記：「用我的話來說，我的幸福總有雜質，在笑笑鬧鬧的快樂中，還有一絲悲傷和深沉的憂鬱。有時總覺得，擁有這樣已經太多，有時又覺得是我把生活過得太迷惘。如果你也了解的話，那些過濾不掉的迷惘才是真實，即便如此，也請不要灰心，因為我的幸福和愛也是真的。」

裡面有說不盡的細節，照片一張張散落在房間各個角落，他們一起走過的地方有著數不清的幸福。然而，往後的日子裡卻有無盡的惡夢，究竟是男孩無法理解女孩的深沉心思？還是女孩無法同理男孩的生活苦惱？他們之間的話題越來越少，連打電話都只是各自安靜做事，這段關係越來越像一張網，只是把兩個人綁在一起，卻感受不到快樂。男孩覺得無所謂，女孩卻覺得難以呼吸。最終，親手推開把她視為閃閃發光的寶貝的男孩。她不願意再回訊息，也不答應邀約，有時白天生活的疲倦令她想起男孩時，只覺得更加疲倦無助。

　　如果不愛，為何當初會留下這些熾熱的文字？如果愛，為什麼生活充滿種種的不耐煩，為什麼感覺到的只是無盡的失望，沒有期待、喜悅，只剩下受困和無助？這究竟是愛，還是不愛？愛，是可以努力的嗎？黑夜裡，女孩只有無盡的困惑。

愛情沒有對錯
只有眞假

　　「當情人提出分手，原因是對方不愛了，我該如何回應呢？」「當被提出分手的一方不答應分手，並強烈表達願意再努力，該怎麼面對呢？」「我這麼愛你，為你付出那麼多，你為何還是不愛我呢！」「愛一個人不該傷害對方，但要如何做才能不傷害到對方呢？」「一個人可以因為太愛對方，而傷害對方嗎？」「愛或不愛，我要如何做選擇呢？」面對上述各種情感問題，往往很難找到標準答案，或者根本沒有標準答案。接下來我們可從愛情的設計原理：愛情沒有對錯只有眞假，眞正的愛情往往是「由眞變假」，再「由假變眞」的辯證

歷程中，能否以真誠態度面對愛情誤區才是關鍵。

「愛」的本質是自由、主動與無私，而「愛的內涵」是關懷、責任、尊重與了解，其意義是希望藉你我的參與，讓彼此生命更加成長與美好。所以當我們彼此真正相愛時，不會強迫對方去愛，因為如果不是基於彼此的自由選擇，又怎會有價值？再者，愛情之所以珍貴，是因可以為彼此帶來生命美好的成長改變，因此當我們真正愛一個人時，又怎會在對方已無法在這段關係感受到美好與成長時，仍苦苦糾纏，且以愛之名來綁住對方，甚至傷害對方呢？也就是說，此時愛已變質了（那不是愛），是以愛為名，包裹著個人內在自私的占有慾，同時夾雜著誤以為被對方拒絕就表示自我生命價值被否定的一種「自我防衛」。

試想，當初你是否基於希望對方能因你參與對方的生命，讓彼此更幸福、更美好才相戀的；如今你雖不是那個人了，難道不應該因為愛他而祝福他嗎？愛情沒有對錯，只有真假。彼此的感情若是「真的」，無論誰對誰錯都是美好的；當彼此的感情是「假的」，就算爭到「全對」又如何呢？

從上述故事來看：男孩花了一段時間追求這位女孩，女孩終於答應了，無奈後來女孩不愛了。就常理來說：這段感

情中女孩的行為似乎「不對」，明明已答應男孩的追求，怎可以說不愛了就要分手呢？這是不信守承諾，會對男孩帶來傷害，應對此傷害表達「歉意」。但就愛情的真假而言，男孩選擇不放手並表示要繼續努力，就是「真愛」的行為嗎？愛的本質是「自由」，是以不妨礙他人的自由為前提，因此男孩可以自由選擇在內心中愛著女孩，但在展現愛的行為上應「尊重」女孩的決定，因為愛就是「關懷、責任、尊重與了解」。這時男孩如果能真誠的選擇「尊重」女孩，同意分手，女孩反而更能感受到男孩的「真愛」（這就是愛情的「弔詭」性）。所以，愛一個人需要智慧，此時選擇「不愛」（也就是選擇非自以為是的愛，而是用對方能接受的方式來愛對方），反而才是「真愛」。證明男孩對女孩的愛始終出於自由、主動與無私的獨立人格，而不是「依賴」這份關係。就此而言，這對男孩來說不也是一種感情的學習成長嗎？

反思自己的愛情誤區

　　人際關係中投射處處存在，人人都在向外界投射自己的內在世界。因此，沒有投射就沒有關係。就此，對女孩而言，可以在這段感情中學習成長的是：反思當初進入這段關係是否是一種常見的「愛情誤區」？愛情發生的本質是一種「投射」，其設計原理是透過投射的心靈運作模式，讓我們有機

會去開發彼此隱藏在內心深處的「隱性人格」，透過追求人格統整與心靈成長，實現生命圓滿合一完整的自我。愛情的主體是「愛」，但愛卻是一個無法用科學語言去定義的概念，儘管情侶雙方均使用愛這個字來表達彼此的情感，卻往往是模糊或不同的意涵。愛雖是人類心靈深處共同的深情大願，具有人性普遍的共通性，但通過每個人不同的人生經驗、人格結構發展狀況與機緣，當彼此相遇那一刻，無可避免的會有不同方向與層次的愛情投射。

　　根據彼此生命是否有真實觸動，我們可以把投射分為以下兩個不同層次：第一層次是一種「非愛的投射」，這種投射的產生是由於內心「愛的匱乏」與「渴望被愛」的需求，而非「愛對方的心」，本質是一種「客體關係」，也就是一方能滿足自己的需要，產生愛情的投射（稱為有條件的愛）。第一層次的投射又可分為兩種類型：第一種類型是「刺激－反應式」的投射，例如：因對方性感美麗、英俊挺拔等外表條件，而將對方想像成心目中完美的情人且產生情愫，以滿足對愛情的幻想（這類型的愛情俗稱「迷戀」或「暈船」）；或因內心渴望愛情，剛好有人追求，遂勉強配合交往看看；或剛失戀急需療傷，只想找個替代人；又或是不自覺地找和自己父母很像的伴侶，以尋覓童年那份無法從父母那獲得的

愛。另一種類型是「情境式」的投射，即打開你心扉的並不是這個人，而是那個情境。例如：一起欣賞音樂會，彼此被音樂感動而打開心扉，卻誤以為是「碰觸」到彼此生命的浪漫愛情。心理學上著名的「吊橋效應」實驗，證實由吊橋情境所引發的心動不等於真感情戀愛，是愛情的錯覺。第二層次的投射是一種「愛的投射」，這種投射的產生是在非預期的機緣下，基於彼此「無條件的愛」的那點「善意」下，雙方的「顯性人格」誘發長期被隱藏的「隱性人格」，進而開發彼此的隱性人格，是一種「互為主體」的生命碰觸。

上述第一層次「刺激－反應式」及「情境式」的投射都是常見的「愛情誤區」。故事中的女孩當初進入這段關係，可能是「愛情誤區」。她說：彷彿一段關係沒有開始，也沒有結束。為何說這段關係沒有開始呢？那是因為對女孩而言，與男孩並沒有進入第二層次那種「想進一步開發彼此的隱性人格」的「愛的投射」，因此女孩寫給男孩的日記寫到：我的幸福總有雜質，笑笑鬧鬧的快樂中，還有一絲悲傷和深沉的憂鬱。但為何女孩會答應男孩的追求而展開這段愛情的呢？可能的情況是，在第一層次中的「刺激－反應式」投射，是由於個人內心渴望愛情，加上剛好有人追求，便嘗試交往看看。這可從女孩寫的自我剖析來推測：女孩有著深深的負

罪感，她也懷疑這一年的感情是否真實存在，自己真的愛過對方嗎？如果沒有，是不是欺騙了男孩一年多的歲月？

真誠面對愛情誤區自勉成為人格獨立成熟

人的心靈成長就像生理與心理的成長一樣，需要經歷蛻變的過程。身體與心智的生長發育是由「不成熟」到「成熟」，而人的心靈成長則是「由假變真」。就愛情這人生重要的成長課題來說，能自我覺察彼此關係是一種真愛或假愛？且願意真誠選擇朝向「真愛」去發展。這樣的成長歷程是人人必經的，因此能真誠面對自己的感情「誤區」，就是選擇讓自己的人生往真的方向去發展。在實際的感情學習過程中，大多數的人會先經歷第一層次「非愛的投射」，無論是「刺激－反應式」或「情境式」的投射都是常見的「愛情誤區」。這裡稱其為「愛情誤區」並沒有貶抑的意思，只是要與能引發無條件相愛的第二層次「愛的投射」做本質上屬於不同領域之區別，據以分辨是真的愛情還是假的愛情。

由於愛情發生的本質是一種投射，投射這種心理與心靈機制本身並沒有好或壞之分，端看我們如何看待它，便會產生不同的結果；且因投射的產生是一種「無意識」，一旦我們意識到它，反射就會停止。所以當我們了解到愛情發生可

能來自這兩種不同層次投射的知識，我們就可以透過意識來察覺彼此關係的進入是屬於哪種層次的投射，更意識到必須減少第一層次非愛的投射。這種投射大多是在自己內在空虛寂寞、渴望被愛時幻想出來的（基於被愛的需要）；你將想像中的理想情人形象投射在對方身上（如男生要高富帥、女生要白富美），所以你愛上的不是真正的他／她，而是他的外在條件或當時那個情境（誤以為具有這些條件的對象適合自己）。

「真愛」需要經過學習與不斷反思的歷程，因此愛情往往需要經歷對愛情「誤區」的反思後，再逐步過濾帶有「雜質」的非愛投射。當彼此生命清澈、機緣成熟時，自然會瞬間迸發出「愛的投射」。後者這種源自開發彼此隱性人格的「愛的投射」依然不是「愛」，只是開啟彼此相愛的最佳機緣。真愛需要談戀愛的兩人長期交往，經歷層層考驗，才能確定彼此生活習慣、興趣、個性是否能尊重包容，價值觀、生涯規劃、人生觀及人生態度是否能相互欣賞。其中更需要加入耐心、信心、虛心，靠著經驗、智慧、努力、真誠和豐富知識，跌倒了要有勇氣爬起來，犯錯了要有決心改過……。絕對不是你愛我，我也愛你就足夠了。我們只能自我期勉使人格獨立成熟，愛別人之前先愛自己。這裡的愛自

己並非是自私，而是要「無條件的愛自己」，肯定自己是一位值得被愛（而不是要去討愛），也有能力去愛的人。最後，我們也可以延伸本章故事，雖然故事中的戀愛發生於「刺激──反應」式的非愛投射，但是否也有可能發展為真愛呢？個人認為：這是有可能的，但需要雙方真誠面對「愛情誤區」。只要雙方主觀上願意真誠「相愛」就可以。這時一開始的「愛情誤區」也可成為一個讓雙方有機會相愛的好機緣。

第十一章

起飛之前先學降落
——好好分手

不是每段戀情都有圓滿的結局。小燕跟書宇交往了一年多，兩人非常甜蜜，雖然就讀的大學不同，需花費一個小時車程，但小燕常常去書宇的學校找他，共度難得的約會時光。此外，兩人每天亦會撥一點時間跟對方通話，就算只有十幾分鐘也非常滿足。

　　小燕跟書宇個性迥異，小燕感性而書宇偏理性，這也是他們一開始互相吸引的原因，個性上的差異雖曾造成彼此相處的衝突，但經過朋友的協助及雙方真誠的溝通，彼此已有溝通能力去處理個性的差異，也讓兩人的關係更近了一步。例如：之前，小燕每次遇到生活上的問題跟書宇訴苦，想把自己的心情說給他時，書宇總是直接告訴她應該要怎麼做，並表示她要想辦法解決問題，而不是一直抱怨。小燕聽完十分委屈難過，她只是希望書宇可以聆聽自己的心情而已，兩人因此吵了一架。還好，書宇的朋友冷靜地分析了他與小燕個性上的差異，如果兩人想要長久，就必須去欣賞包容雙方的個性。朋友還給出一個有效的建議：先處理心情再處理事情。鑑於書宇是問題導向者，小燕是情緒導向者，因此朋友建議書宇如果下次再發生類似的情況，先不要急著給建議，而是讓小燕抒發情緒。

　　看似彼此關係往更好的方向發展，直到最近，書宇正

積極投履歷找工作，相較於讀大三的小燕則希望彼此有更多的時間在一起，遂開始抱怨：「我最近打給他，他都說在忙。回想我們剛交往時，他總以我為優先，現在，找工作好像變成了他的全部……。」小燕能理解書宇面臨畢業找工作的壓力，願意調整自己的期待，配合書宇的時間。但上週書宇突然決定接受家人的安排，出國讀研究所，這突如其來的決定加大彼此對未來生涯規畫的衝突。小燕想在國內就業，且認為這段期間配合書宇對她並「不公平」。儘管書宇表示：他只是出國讀書兩年，平時可以視訊聯絡，兩年後會回來，但小燕面對彼此的差異衝突一直無法獲得解決感到沮喪，開始考慮是否該「分手」。

近來他們發生交往以來最大的衝突，主因是小燕與一位學長交好許久，在認識書宇之前兩人便十分親近。這天學長邀請她去居酒屋吃飯並喝酒，當晚書宇正好打電話給小燕，但小燕手機關靜音，沒有接到電話。這讓書宇十分不滿，尤其是當他聽到小燕和學長一起吃飯還喝酒，更是怒火中燒，他無法接受自己的女友跟異性單獨喝酒，但小燕卻不以為意。這次大衝突後，小燕更加掙扎是否該正式提出分手，這段關係是否要繼續經營下去，於是向朋友尋求意見……

戀愛失敗不等於「愛的失敗」
分手是「愛的成長」學習課題

　　任何關係有開始就會有結束，愛情本身是一個過程，分手只是其中的一個小階段。台大孫中興教授認為：「開始一段關係需要學習，結束一份感情也是一門學問」。是的，網路上有一項以年輕人的「初戀」為主題的調查，結果顯示：僅有不到2%的人依然和初戀在一起，多數初戀都是以分手結束。再者，有人說談戀愛平均要談5次才會成功，背後的意義是：分手是談戀愛無可避免的課題，唯有經歷失戀，才會真正成長、「真懂愛情」，並淬鍊出「愛的能力」。當代心理學大師佛洛姆在《愛的藝術》這本書寫到：愛就是「關懷、責任、尊重

與了解」，當你深愛的對方提出分手，此時你雖然心中難免難過，然而基於你對他的愛，此時若你能選擇「尊重」對方的決定，放下自以為是的「愛」，這時「不愛」反而是「真愛」。這種愛情的「弔詭」性是我們在面臨分手時的最大考驗與修煉，所以不要害怕去愛，成功了你會獲得幸福，失敗了你能獲得智慧；然而大多數的人都是先得到智慧後，才能獲得真正的幸福。

愛情是一種「完整之我」的自我追尋過程。愛情不是要找一個「完美的人」，而是要用「完美的眼光」找到一個「不完美的人」；這人願意跟你攜手一輩子，讓你發現「更完美的我」，愛情活動可說是兩個生命相互開發與人格完成的歷程。當情侶歷經浪漫期及權力衝突期，彼此確定要以情人的關係來交往，進入真正的談戀愛（也就是整合期）。此階段要抱持好奇的態度及學習溝通技巧來了解彼此的個性、價值觀及生命盲點，以積極理解對方的全盤人格，目的在於確定彼此關係是否可以進入「承諾期」（也就是承諾彼此朝向長期穩定的婚姻關係來發展）。從全人性教育愛情學的觀點設計愛情原理三道關卡，其中第一道關卡是要**面對「衝突期」**，要能收回、放下要求對方成為自己完美情人的投射與壓迫，回到透過認識對方來了解自我內在隱性人格。第二道關卡是

面對「**整合期**」，揮別戀愛在熱戀期的浪漫夢境，重新面對「你仍是你，我仍是我」的真實彼此，勇敢走入現實愛情生活去彼此溝通，再度呈現人我合一的愛情理想；第三道關卡是**面對「承諾期」**，也就是彼此是否願意承諾進入長期穩定的婚姻關係（這部分將在下一章深入探討）。

　　依愛情的本質，談戀愛的終極理想是要通向「婚姻」，指向永恆。相較於在「承諾期」所做的進入結婚之嚴肅承諾，歷經浪漫期及權力衝突期後，會進入「整合期」，其本質只是彼此願意嘗試走愛情的路，至於這個嘗試是否能成功呢？誰也無法保證。因為一開始，我們對對方只是有「朦朧好感」，甚至可能是種「錯覺」（來自於潛意識投射的浪漫觸動）；事實上，我們對於彼此真實的了解是有限的，所以需要誠心溝通以尋求彼此了解的「整合期」。當發現彼此的愛無法落實到彼此「具體人格」的相處上，只好選擇「分手」；此處所謂的「具體人格」便是第六章探討的「戀愛的溝通課題」，主要有以下三種需溝通的課題：「個性」能否互相彼此了解、包容與互補；「價值觀」能否互相理解、相似與欣賞；「生命盲點」能否互求諒解、包容與協助療癒。在這階段中若有愧疚，應是溝通的誠意與努力不足，以致內有歉意，而不應來自結果的不成功。這樣我們才能解除戀愛過程中的壓

力與負擔，才能在自由的溝通探索中有效認識彼此的生命人
格，做出是否繼續走向「承諾期」的正確判斷。因此，從愛
情設計原理來看，戀愛失敗不等於「愛的失敗」。前者是放
在愛情的脈絡上來看，後者則是放在整個人生「愛的成長」
學習課題來看。

何時提分手呢？
分手是結束愛情關係的一個過程

　　愛情與親情、友情的愛不同，愛情期望彼
此進行生命「全面的溝通」（包含三個層次的
人格結構：意識、潛意識及集體潛意識），渴
望透過相愛互求和溝通來了解對方，進而協助
你了解深藏在潛意識及集體潛意識中的你，以
達成生命的「自性化」（Self）（有關自性化
將在第十二章探討）。因此，愛情關係的經營
充滿「不確定性」，需要做某種程度的冒險；
也因為愛情本身充滿不確定性，所以當關係遭
遇卡關時，你很難決定是否分手，因為你不知
道，目前所處的關係是不是最佳選擇？或許，
還有更適合的對象等著你？就好像在漆黑迷霧

中無法確定自己身處位置的攀登者一樣，多數人在愛情中常會面臨因彼此差異產生衝突而感到迷惘，很難確定彼此的關係是不是「對的」。因此分手面對的第一個課題是：如何決定是否要分手，其次是要選擇何種分手方式以降低對彼此的傷害。

如何對彼此關係需不需要分手下決定呢？要怎麼界定何時提出分手呢？事實上，分手並不是一個時間點，而是一個歷程。心理學家史蒂夫‧達克（Steven Duck）認為分手並不是單一事件，而是一連串的過程，他提出「關係解體」的階段，有助於讓我們理解分手的心理歷程：（1）**個人內在心理階段**：此時關係仍然存在，但一方對關係已感到不滿，時而想到分手，反覆考慮分手的代價。（2）**兩人對話階段**：雙方將對這段關係不滿意的地方提出交談，可能會協調、妥協或同意分手。（3）**社交階段**：將彼此不滿意的地方及協調的結果，向親朋好友詢問意見，此階段朋友對是否分手的決定影響很大。（4）**療傷止痛階段**：向親朋好友公開關係已經結束的事實，並各自對這段關係賦予一個意義，以及給分手的決定一個合理的理由。故事中的小燕跟書宇目前正處於第三階段，對於是否分手開始詢問朋友。愛情關係就像所有的人際關係一樣，發生衝突與爭執在所難免，尤其是當關

係從浪漫期消退，經歷權力衝突期認清事實並願意收回投射，進入需要透過溝通以尋求彼此更多了解的「整合期」，勢必會面臨更多生活習慣、個性、價值觀與生命盲點的差異與衝突，因此學習將衝突與爭執轉化為親密關係中成長力量所需要的溝通態度與技巧，是「整合期」的學習課題。

「整合期」應以「好奇」與「相愛」的溝通態度來了解對方跟你不一樣的生活習慣與想法，並學習增進與對方溝通的能力（也就是愛的能力）。以下有兩個負面溝通態度需要避免：（1）**動不動就提「分手」來試探對方是否真正愛你**，例如：女孩只要與男友有衝突就隨口說：「那我們就分手」，結果男友認為妳是真心想要分手而答應，最後女孩哭喊我只是測試你，你居然一口就答應，代表你真的沒愛過我！（2）**「不愛了」的感覺在愛情中常會發生，它同時代表著很多別的可能性**，有時只是近日對彼此關係不滿意所衍生的「關係倦怠感」，需要彼此努力去重燃激情；或當關係出現一些問題，彼此可採取些策略來修復關係，進而增進彼此愛的能力，而不是分手。

如何做決定是否分手？
「最佳整合區」超過愛的能力宜選擇分手

佛洛姆說：「愛不是一種感覺，而是一種實踐。」愛情基於「自由、主動、無私」，透過「關懷、責任、尊重、了解」等歷程，不斷探索情人真實的具體人格（從外圈沒有對錯的個人生活習慣、興趣與個性，到個人所重視的價值觀，再到最內圈個人未察覺來自原生家庭與個人成長傷痛壓抑之人格底層形成的「生命盲點」）。從愛情的設計原理來談，這種探索充滿未知與不確定性的混沌狀態，本質是一種冒險，帶給彼此獲得成長的可能空間也是最大，這就是愛情的「最佳整合區」（zone of optimal integration）。當彼此具體人格差異

所帶來的衝突超過這區域時，混沌程度也是最嚴重的。若此時愛的能力能及時提升來處理新的情境，讓混沌狀態又回到平衡狀態，就能擴大最佳整合區，同時帶來彼此的成長。但若這時個人愛的能力無法及時提升，無法處理新的情境，面對嚴重的混沌程度，彼此的愛情關係成長滯礙，就會僅剩壓力與痛苦，彼此的愛也無法實踐，則宜選擇「分手」。

　　小燕跟書宇的戀情發展到「整合期」，正循序漸進地去認識彼此的個性、價值觀與生命盲點。首先察覺到的是因「個性」差異所帶來的衝突（小燕感性而書宇偏向理性），在朋友的適時協助下，以包容及尊重的態度，理解彼此個性差異（因為個性是個人的人格特質，本身並無對錯），進而培養與對方溝通的技巧，也就是愛對方的方式。隨著交往時間的增進，彼此溝通的課題將碰觸到個人認為對或錯、重要或不重要的深層人格「價值觀」。價值觀的溝通重點是尋求彼此理解、相似與欣賞。小燕跟書宇對未來人生職涯的規劃不相同（小燕想直接就業，書宇想出國讀書），很顯然的小燕與書宇在溝通課題上雖努力了但仍無法相互「欣賞」，甚至碰觸到最深層的個人潛意識「生命盲點」，而成為小燕認真思考正式提出分手的最後一根稻草（書宇無法接受小燕跟異性單獨喝酒）。從這衝突事件及書宇接受家人安排出國讀

書推論：他「生命盲點」中的愛情依戀風格是「不安全的焦慮型」。依戀（attachment）這個概念是 1969 年代英國心理學家鮑爾比（John Bowlby）提出的，原本是用來解釋嬰兒與養育者之間的情感聯繫。1987 年兩位社會心理學家辛蒂‧哈珊（Cindy Hazan）與飛利浦‧薛佛（Phillip Shaver）將兒童期親子關係的「依附」概念，運用至成人的親密關係，認為早期的依附關係會在孩子腦中形成一種「運作模式」，孩子帶著這模式長大，並進而影響他在人際親密關係的互動。

　　正視問題，思考自己與對方是否有能力解決彼此個性、價值觀與生命盲點的差異，是決定要不要分手的判斷準則。依據上述愛情的「最佳整合區」原理，這裡提供兩個思考方向作為判斷準則：（1）彼此人格結構在個性、價值觀與生命盲點的互補性／相似性／包容性等差異；（2）自己人格成熟度／溝通能力。如果彼此的人格成熟度／溝通能力較大，可以挑戰的差異較大；但如果彼此的人格成熟度／溝通能力較低仍有待提升，就不宜挑戰太大。所以，市面上與戀愛擇偶有關的血型、星座、性格測驗等都是僅供參考，是過去發生率的經驗累積，有其參考性。然而，最重要的是人內心要有「自覺」，且彼此的人格成熟度／溝通能力可以被調

整。所以，情侶可參考上述做分手決定的準則，當自己「愛的能力」無法化解目前差異所衍生出來的衝突，只好遺憾選擇分手時，正確的說法是：不是不愛對方，而是我目前愛的能力不夠，無法繼續經營這段戀情，只好選擇退回朋友的關係。

選擇適切的分手方式
雙贏的協商分手

　　當做出分手決定，接下來就是要選擇適當的分手方式，例如：由誰提出？何時提出？是否需說清楚分手的理由等，希望能以降低對彼此造成傷害的方式。有關分手的方式目前雖然沒有一套標準公式，但有位長期研究關係崩解的學者巴斯塔（Baxter，1984），將分手方式分為四個象限（如下圖），其中橫坐標是「兩人都想分手 vs.單方面想分手」、縱坐標是「直接說清楚分手理由 vs.不說清楚分手理由」，兩者交織起來，得到四個象限共八種分手方式，這個分類幾乎囊括了所有可能的分手方式，值得參考。第一象限是「兩人都想分手」

且「直接說清楚分手理由」。屬於該象限有兩種分手方式：

1. **歸因衝突**——雙方對於彼此關係為何會走到分手，到底是誰的錯不斷爭執；

2. **好聚好散**——雙方討論過彼此間的差異，並理解這差異無法解決，願意分手。

第二象限是「單方面想分手」且「直接說清楚分手理由」。屬於該象限有以下兩種分手方式：

1. **討論現況**——把自己想分手的理由說出來，並給予對方討論與修復的機會；

2. **去意堅決**——直截了當說出分手的決定，並不給對方討論和挽回的機會。

第三象限是「單方面想分手」且「不想說清楚分手理由」。屬於該象限有三種分手方式：

1. **縮小範圍**——告訴對方彼此先當朋友，劃清親密關係的界線，事實上是想分手；

2. **提高成本**——故意利用言語或行動，表現出很討人厭的樣子，讓對方覺得繼續跟你在一起很辛苦而知難而退；

3. **退縮**——逃避、迴避親密接觸（ex.減少身體接觸）、不回電、減低見面頻率、更不主動邀約，以此來降低彼此的關係。

第四象限是雖然「兩人都想分手」但「不想說清楚分手理由」。屬於該象限有以下這種分手方式：**逐漸褪色**——雙方都沒有說出要分手，但心知肚明，關係已慢慢結束，也不想再去維持。

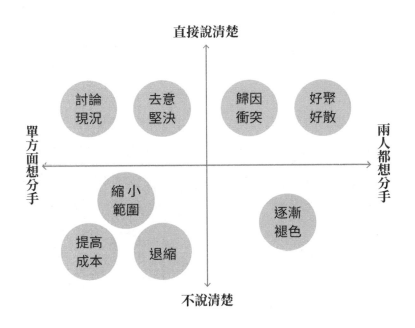

圖　八種提分手的方式

分手難免會帶來傷心與心痛，但或許有些分手方式或說法，可以讓彼此都好過些。依據巴科斯特（Leslie Baxter）的研究發現：討論現況、好聚好散、縮小範圍、逐漸褪色等四種分手方式，因為顧及對方感受，較不會令人難受；而去意有堅決、歸因衝突、退縮、提高成本等四種分手方式，因為比較在乎自己，常會給對方產生負面情緒或不滿。因此當「兩人都想分手」且「直接說清楚分手理由」就是比較好的分手方式。分手得處理兩人關係的衝突，面對曾經相愛的人我們勢必要更能同理對方的立場與處境。以下整合如何做分手決定及哪些是適切的分手方式，希望可以有更成熟的「協商分手」來化解衝突的雙贏策略。有關「協商分手」的步驟如下圖：

1. **定義問題、確定立場**——評估彼此個性、價值觀與生命盲點的差異，是否已超過「最佳整合區」，且思考自己愛的能力是否足以化解差異，再做分手的決定。例如以下這些情況可以評估是否可以調整：對方「愛之語」跟你不同，但對方不知道。倘若對方會用言語或肢體傷害你，必須毫無懸念的勇敢選擇分手。此外，當已做出選擇分手的決定時，必須堅定立場。

2. **同理對方感受，提出可能的分手方案**——設身處地理解對

方對目前雙方關係的感受，辨識對方有無恐怖情人的特徵，思考適切的分手方式（討論現況、好聚好散、縮小範圍、逐漸褪色……）。

3. **評估每個方案的優缺點、阻力及助力**——評估執行方案之優缺點及所需能力，預判對方可能的反應及思考其可能導致的不同關係（和平分手、反目成仇、彼此不來往、退回朋友……）。

4. **勇敢作最適切的決定**——依據個人的價值觀、生命成長階段、生涯發展等來做決定分手方案。

5. **尋求資源並執行決定**——尋求信賴的人協助，選擇分手的環境，最好是在公開的公共場所，依據所選擇的分手方案採取行動。

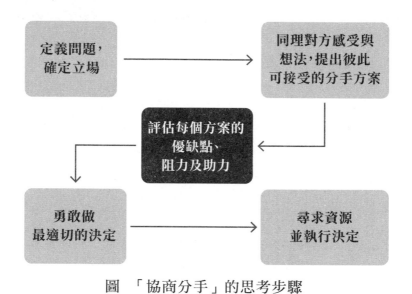

圖 「協商分手」的思考步驟

面對感情失落「無條件愛自己」
培養情感復原力

　　婚姻諮商師諾曼‧萊特指出：一位單身者面臨感情關係的分手，可能是他極大的痛苦，但是卻很少有人會關心。可是換作另一種情況，如果一個人離婚了，社會上卻會提供很多的資源幫助他度過，例如有談離婚的書、錄影帶或離婚成長團體等。如此看來，我不禁要問，為什麼單身者面臨分手卻沒有人重視？但事實上在許多例子中，分手所帶來的傷痛及情緒混亂程度都跟經歷離婚的難過情況不相上下。是的，失戀面對的最大傷痛是「自我價值」被否定，如果不幸連續遭受多次的愛情失敗經驗，可能會對愛情感到「冷漠絕望」，無法再

相信愛情。

　　我們相信除了少數的人對愛情一開始抱持不真誠的欺騙外，絕大多數的人對愛情都是因想進一步開發彼此「隱性人格」的「愛的投射」生命碰觸而熱情相戀。也願意彼此在戀愛溝通過程中克服阻難，為實現相愛的理想而攜手同行。然而當彼此已盡最大的誠意溝通仍無法化解彼此的差異時，選擇分手是必要的決定，遺憾只能還諸天地。相對於提出分手者，被提出分手的一方將會面對「感情失落」而悲傷痛苦，甚至否定自我價值。面對這樣的悲傷與逆境，我們該如何自我調適？在哪裡跌倒就從那裡再站起來，當我們跌倒時不必急忙爬起來，先看看四周是否有石頭可以撿。事實上，愛情有一個「隱性設計」原理，即當面臨分手時刻，正是學習給自己「無條件的愛」（也就是愛自己），與自己談戀愛的好時機，這就是「療癒」，接納自己的不完美。試想，面對失戀時內心會出現「我不夠好」、「我不值得被愛」等負面情緒時，你最需要的是什麼呢？是有人能了解你、能關懷你和接納你。而這個人正是你自己，除非你自己能學會「無條件的愛自己」，才能真正有能力去「無條件的愛人」。感情失落時，正是培養這種內在「愛情心靈力量」的最佳時刻。失戀並不是只針對你，事實上每個人都曾經歷。你可以把它視

為上蒼給你的禮物與愛情功課。失戀讓我們不得不承認自己的脆弱，卻也讓我們看見自己的「心理韌力」（resilience），讓我們能逐漸培養自我的「情感復原力」。「心理韌力」就是「復原力」，人的身體有自我療癒的機制，同樣的，人的心理也有同樣的自我療癒機制，這就是「復原力」。復原力包含面對逆境、創傷、悲劇、威脅或重大壓力的調適能力。「情感復原力」正是指每個人一生都會遭遇到失戀的情傷與逆境，唯有親身經驗情感失落並走過失戀悲傷的歷程，才能真懂「愛情」。這也是愛情的隱性設計：透過愛情的逆境，碰觸生命底層潛意識的陰暗面；而且透過「覺醒」去開啟、照亮潛意識。整個過程就是一種關係療癒，具體成果就是培養出你的「情感復原力」，其內涵分為以下三個面向：

1. 「**轉念**」：要我們重新賦予「失戀」這個逆境應有的愛的成長「意義」。轉念的功課是要「好好愛自己」，好好跟自己對話，想清楚自己要什麼、不想要什麼。當人們相愛的時候會相互塑造彼此的「自我概念」。因此，當分手時，第一時間會失去能幫助理解自我的參照者；此時，自我概念會感到迷惘。然而，這樣的迷惘也可以促使你重新評估自己以前在關係中是什麼樣子，而自己真正想要成為怎樣的人，拿回定義自我的自主權。

2. 「自覺」：成為人格獨立的成熟人，不必在感情上去依賴人，並專注補修自己人生成長的課題。例如：故事中書宇愛情的依戀風格是「不安全的焦慮型」，因此首先要自我覺察自己的情感型態，適時踩剎車，調整自己人際關係互動的方式。等自我修復的人生成長課題完成，生命清朗時，下一段戀情可從依戀的客體關係逐漸走向「互為主體」的健康親密關係。

3. 「相信」：自己有能力去愛人，也要不斷增進自己愛人的能力。「愛的本質」是自由、主動與無私，而愛的內涵是「關懷、責任、尊重與了解」。當然，剛分手會有一段長時間的不適感、失落感（大約有半年時間），此時不宜急著投入下一段感情，應先好好愛自己、自我療癒。

第十二章

談戀愛一定要走入婚姻嗎？
愛情的承諾與創造

大榮談了幾次戀愛，不是自己主動提出分手，就是被對方提出分手，歷經幾次刻骨銘心的戀情，他開始主動閱讀有關愛情的文章與書籍，也不時向好友請教感情問題。

　　服完兵役後大榮積極認真投入職場工作，五年就成為公司部門的一名小主管。上進的他還利用假日申請在職進修，兩年便取得企管碩士學位。且有緣認識在另一間公司擔任部門小主管、年齡相近的佳玲。兩人相互吸引、個性互補，且人生觀、價值觀相近，公司小主管的歷練讓兩人的情緒管理及人際溝通能力成熟穩健，能以好奇的態度去看待彼此的差異。當雙方意見不合時，不會爭辯誰對誰錯，而是真誠地去聆聽並理解對方是怎麼想的，接受彼此差異的觀點後仍能好好相處。時間飛逝，兩人穩定交往五年，在工作與愛情兩方面的順利發展令親朋好友稱羨不已。長佳玲兩歲的大榮看著周遭同學陸續走入婚姻，自己也開始認真考慮結婚這件事情。上個月大榮帶佳玲參加大學最要好的男同學宇程的婚禮，宇程特別推薦他們一起去參加各縣市政府家庭教育中心所舉辦的「婚前輔導課程」。

宇程還跟他們分享自己參加每周一次每次兩小時，持續兩個月的婚前輔導課程的收穫。他們了解到經營婚姻的各項課題，包括：婚姻的意義、夫妻角色分享溝通、家庭財務規劃、衝突預防與解決之道、姻親關係、性與家庭計畫、婚禮的意義與籌備等等。但最令他們感到意外與震撼的是，當中有兩對情侶原本已經訂好婚期，竟在婚前輔導課程結束前雙雙喊卡；其中一對考慮到經濟因素，決定將婚期無限期延後；另一對則是討論到無解的婆媳問題，協議分手。

　　聽到這些，大榮內心更確定想跟佳玲結婚的想法，遂邀請佳玲一起報名；但令大榮感到不解與困惑的是，原本預期佳玲會很開心且立刻答應，結果卻大出意外：佳玲竟冷冷的回應，有必要參加嗎？談戀愛一定要走入婚姻嗎？並表示雖然婚姻是對彼此關係的一種承諾，但承諾還是有可能改變；如果選擇結婚，屆時還要辦離婚等，會衍生出許多法律困擾及雙方家人的問題。現在離婚率那麼高，不能只要談戀愛就好，為何一定要進入婚姻呢？

婚姻到底承諾了什麼？
承諾須等待戀愛成熟

談戀愛和結婚是不一樣的，兩人談戀愛不一定要進入婚姻，有些情侶會因為主客觀條件上的問題，而無法進入婚姻，例如：雙方父母強烈反對、個人沒有能力為婚姻及家庭負責等。但談戀愛最後一定會面臨須思考是否要進入婚姻，因為愛情的設計原理必然是要通向婚姻、指向永恆的。莎士比亞曾說：「一切不以結婚為目的之戀愛都是耍流氓。」婚姻是情侶雙方對愛情的承諾，所以如果你只想談戀愛而不願踏入婚姻，應該在浪漫期一開始時就先告知對方。當雙方進入「整合期」時，就表示兩人相互選擇並約定嘗試走愛情道路。當然，戀

愛不結婚在當今自由開放社會，只要不存心欺騙，一開始便告知，且雙方都是「知情同意」，並沒有對錯，是屬於個人自由選擇。故事中大榮之所以深感困惑，是因他預期佳玲會跟他一樣想要進入婚姻，而且他認為在自己這麼深情地對婚姻的「承諾」下，應該能感動女方。那為何佳玲只想談戀愛卻不願走入婚姻呢？究其因，可能有以下幾種情況：（1）她是個不婚主義者。可能是她自我評估個性不適合婚姻，也有可能是她對經營婚姻缺乏信心。（2）目前還不想結婚。因為結婚需要負責、不自由，目前還年輕想多玩玩。（3）大榮不是她想結婚的對象。這是真實的個案，佳玲之所以不婚是因為生活周遭親朋好友的婚姻大多以離婚收場，導致其內心對婚姻恐懼。因此，造成其寧願選擇談戀愛的浪漫，不求婚姻的保固。

雖然大榮願意對佳玲承諾彼此關係進到婚姻裡，但佳玲此時卻未準備好進入這個長期穩定關係，這是因為彼此戀愛尚未成熟。但承諾一定要等到戀愛成熟才能做嗎？這與承諾的根據或基礎有關。傳統社會父母之命、媒妁之言的婚姻，一對新人的婚姻得向整個社會結構做出承諾，且承諾的內容是兩人得共同遵守社會所訂的倫理規範，各自扮演好為人夫、為人妻的角色職責（在傳統社會的規則下，不容許離

婚）。目前以愛情為導向的婚姻觀，結婚所要承諾的已不再是對社會規範的了解與信任，而是基於對對方人格及自我人格的相互了解與信任，產生「我能承擔經營婚姻」的自信。這樣的自信來自彼此相愛與互助，去開發隱藏在心靈深處影子人格的人生功課，以完成彼此人格統整與心靈成長生命圓滿合一的愛情原理。

「承諾」在愛情關係發展的各階段都是需要的，其意涵有不同層次，可以分為短期和長期關係的承諾。前者如在關係中確認彼此進入戀愛關係，後者則是對彼此關係作出婚姻的承諾。此外，要做出長期關係中婚姻的承諾需要戀愛關係已發展到以承諾期及共同創造期為基礎，包括情感投射點燃開發彼此生命的浪漫期；能回收投射、真誠面對自私的權力衝突期，從而積極了解真實的對方；透過整合期的溝通，肯定彼此在現實上、條件上個性的互補、價值觀的相似或相互欣賞，和來自原生家庭或成長傷痛的生命盲點能相扶持、協助療癒。這樣一步步經過，自然能水到渠成，攜手共同經營一輩子的婚姻。情侶如果能在談戀愛時，用心真誠經營關係，則愛情本質上是穩定的，也就是說，你若忠於愛情的話，愛情是可信的。

婚前輔導課程
反思彼此對婚姻眞實期望

　　真正的愛不是互相凝望，而是朝同一個方向邁進。故事中佳玲因受到原生家庭成長經驗之影響，其內心對承諾、對經營婚姻的自信不足，擔心結婚會是愛情的墳墓，更怕自己深陷這個社會制度牢籠中。到底大榮與佳玲的戀情如何才能順利走過「承諾期」與「共同創造期」這兩階段呢？承諾期可以說是整合期的延伸，所需要的溝通態度與技巧是一樣的。然而，由於經歷整合期後對彼此的個性、價值觀與生命盲點已有一定的認識與理解，因此在承諾期要溝通的課題是針對彼此想進入長期穩定的婚姻生活之期待與規劃，接著再對彼此往後要進

入婚姻生活得面對的生活習慣、個性與價值觀之差異發揮創意，共同創造相處模式，這是愛情學的「創造性原理」。

承諾期要努力讓彼此關係從短期的承諾轉為長期關係的承諾，也就是從愛情關係朝向婚姻關係。承諾期所要承諾的內容不是浪漫期的幻想或權力爭奪期的誰對誰錯或誰該聽誰的，也不是要向對方做出承諾；而是彼此有自由的選擇——基於個人對婚姻真實的期望及個人是否適合進入婚姻。因此，「承諾期」是要對自己的選擇做出堅定的承諾。

在關係中，承諾會影響我對關係的付出，且當對方同樣做出承諾時，彼此可以在關係中一起擁有期望，不是要求，而是共同的協定。且為使彼此關係朝向長期的承諾發展，就像花園般需要除草、澆水、施肥；關係也需要持續不斷的照料。所以，為增進彼此親密關係可順利完成承諾期的溝通課題，可邀請對方一起參加「婚前輔導課程」。

婚前輔導課程一般規劃十次，每次兩個小時，採小團體方式來進行（一般是十對二十人），會由有實際婚姻生活經驗的專業人員來帶領，透過團體動力來引導反思彼此對婚姻真實的期望。常見的婚前輔導主題包括：婚姻的意義、婚禮舉辦方式、結婚後是否跟公婆住、結婚後彼此的財務規劃、結婚後夫妻的性生活、溝通夫妻角色、衝突預防與解決之

道、姻親及朋友關係、婚姻與家庭生活的經營等等。專業的婚前輔導人員通常會採取具情境脈絡化的對話方式，引導彼此思考結婚後可能會面對的衝突，以及彼此面對此衝突會如何對話。婚前輔導課程的目的是幫助彼此深入溝通，談戀愛時比較不會去溝通有關婚姻與家庭生活經營的實際課題；藉由團體動力可以有效引導出彼此的想法與期待。婚前輔導人員也會引導伴侶雙方發掘彼此對婚姻生活的障礙，清除關係中的雜草，以確保彼此的愛情能茁壯成長、開花結果。

情侶參加婚前輔導並不是關係出現問題，而是透過團體動力及專業的引導，讓彼此有機會去認識雙方對婚姻生活的期待與規劃。婚前輔導的重點就是要讓在承諾期的情侶們更加了解彼此的期望，更真切的去思考婚後的生活。談戀愛時多半較不會去討論實際的婚姻生活，因此需要透過外在的專家及支持團體來協助。相對於傳統父母決定的婚姻，結婚的雙方需要對社會規範為人夫、為人妻的角色做出承諾，演變到以愛情為基礎的現代婚姻，社會對婚姻的規範已逐漸降低（最具代表性的是 2021 年 5 月 31 日通姦罪除罪化），情侶需要有經營婚姻生活的親密關係能力。參加婚前輔導課程是一個好方法。

愛情的創造性原理
婚前需要創造相處模式

當情侶選擇朝向長期穩定的婚姻關係，並承諾自己有能力經營親密關係的自信後，顯示彼此關係發展可進入「共同創造期」。在共同創造期階段，情侶除了開始籌畫浪漫的求婚、精心的婚禮、難忘的蜜月……這些婚姻中美好的時刻外，更重要的是雙方對自己經營長期穩定關係所做的承諾，更能投入真誠的合作與協作。在此階段中，伴侶要努力和諧一致，所謂的和諧一致並不是彼此沒有差異或衝突。依據正向心理學的觀點：許多人對健康的愛情有一個誤解，認為「健康的愛情是沒有衝突、沒有爭吵」。但實際上，健康的愛情裡衝突與爭吵

都是正常的，據統計，情侶平均五次互動就會有一次爭執，這並不是說人們喜歡衝突，或是衝突不好，儘管有時候衝突傷感情，因此要在觀念上有一個健康的認知：愛情中有衝突是正常的。

共同創造期這階段重要的任務是：情侶會彼此分享生命的所有面向，因此，需要學習如何轉化原本以為是在關係中屬於負面（例如：情侶間不同的生活習慣或個性，雖然沒有對錯，但一方對此差異的不滿意），或將具有破壞性的衝突與爭吵的差異部分（例如：對花錢或對子女教養觀等價值觀的差異），轉變成「創造性」的挑戰，學習「真誠的交心」。為什麼俗話說：情侶吵架不會越吵越遠，而是越吵越近，感情越來越好？那就像你的身體會因為病毒進入而產生抗體，進而變強；同樣的道理，當感情沒有衝突，就無法更加鞏固。這時如果發生一次較大的衝突，彼此無法面對處理，導致感情無法維持，所以衝突可以說是累積「愛情免疫力」的來源。

愛情最終想達成的目標並不是情侶融合成相同一個人，或是將二人的行動都死死地綁在一起，而是共享和諧的差異。他們可以各唱各的調，保有原本的主體性，不需要被迫配合對方的旋律，而是在相互接納中，彼此都可以放心說出對對方的期待，兩人彼此相應，這就是愛情的「創造性原

理」。那麼要如何透過愛情的「創造性原理」來達成情侶間「共享和諧的差異」呢？「創造性原理」是一種創造性思考，建立在雙方承諾進入長期穩定的婚姻關係，願意進一步在婚姻與家庭的生活中實踐彼此的愛，以開發彼此生命圓滿成長的愛情觀。能秉持著「正面」的態度看待彼此間的生活習慣、個性及價值觀的「差異」並接納，在雙方互為「主體」的「理性溝通對話」下，尋找彼此能接受又有變通性的「共識」。以下分享一則社工師協助一對在共同創造期、準備結婚的的情侶，如何運用愛情的創造性原理，為結婚後面對彼此仍有差異，需要創造相處模式的案例。

　　俊傑與淑美從大學就交往，畢業後開始工作上班，各自在公司附近租房子。一天，俊傑開心地來到淑美租屋地方，進門後鞋子一脫，迫不期待的要給淑美一個擁抱，一剎那，淑美看到俊傑身後，成聖笈狀一正一反的鞋子，以及躺在地上不成雙的襪子，為了約會將房間打掃得乾乾淨淨的淑美瞬間理智線斷裂，「你每一次鞋子都亂踢、襪子亂丟，搞得屋裡這麼亂，給我擺好！」俊傑默默的把鞋子擺好，想要過去安撫小美，隨手就把背包放到旁邊沙發，口袋裡的手機、錢包、鑰匙也散落在茶几上。「啊！不要放這！你又把客廳弄得亂七八糟了！」淑美尖銳的吼著。

此時，俊傑一臉委屈的說道：「我只是想趕快坐到妳身邊，等一下就會收好啊。」淑美生氣的吼著：「爲什麼要等一下？就不能一開始就放好嗎？」俊傑不高興的回：「下班很累了，好不容易可以放鬆，晚一點做又沒影響，爲什麼要反應這麼大！」如此的爭執使每次期待的約會都不歡而散，讓淑美很懊惱。於是淑美找社工師朋友求助，交談後發現原來每次的衝突都是因爲彼此的想法跟標準不同：俊傑認爲家是一個放鬆的地方，想先輕鬆一下，晚一點再來收拾東西；淑美個性較爲嚴謹，認爲應該先收拾好再休息。但換個角度想，淑美做事嚴謹卻也因爲較高的自我要求而長期處於緊繃、焦慮的狀態；反觀俊傑卻能保持輕鬆、愉快的態度生活。經過諮商師的分析，淑美決定回去找俊傑溝通，兩人最終也順利討論出解決方案：當俊傑到淑美租屋處時可以先放鬆休息，但在約定的時間（ex. 一小時）內要把房裡整理好，藉此給彼此足夠的緩衝時間。

　　戀愛和結婚所要面對的挑戰不一樣，談戀愛是在形而上談愛情，結婚則是在形而下面對每天柴米油鹽醬醋茶的日常生活中去實踐彼此的愛。因此，婚姻經營是很不容易的功課，親密關係本質是一種「雙人舞」，得彼此相互一進一退才能持續舞動出關係的價值。在當前以愛情爲導向的婚姻，

結婚所要的承諾已不再來自外在的社會規範，而是要基於自己對「我能承擔經營婚姻」的自信承諾。因此，當兩人走到談戀愛階段的後期，應事先做好準備，彼此學習運用愛情的「創造性原理」，在婚前接受輔導課程的協助，開始練習針對彼此生活習慣、個性及價值觀等差異部分，透過互為「主體」的「理性溝通對話」，尋找彼此能接受又有變通性的「相處方式」。

第十三章

為何要結婚？
愛情的自性化原理

結婚是愛情的「歸宿」，還是愛情的「墳墓」？進森與佳芬這對情侶經歷十年的愛情長跑，理工背景的進森，其顯性人格特質是「分析型」，重視「邏輯思考與客觀判斷」，行事果斷幹練；而人文背景的佳芬，其顯性人格特質是「感覺型」，具有「細膩的人際敏感度與直覺的感受」，待人體貼溫順，彼此的影子人格相互吸引成為戀人。深入交往後，了解彼此的個性、對職涯發展與人生價值觀後，選擇進入婚姻。目前進森的事業已小有成就，擔任一家科技公司某部門的副總；佳芬在國中擔任老師，有著一份穩定的工作，一對子女就讀國立大學，是大家羨慕的人生勝利組。但步入中年兩人卻漸漸發現，很多以前可以容忍、沒有察覺到的問題，現在卻一一浮現，越看越討厭對方、越來越無法容忍……陷入一種想要改變卻無能為力的情況，開始質疑為何要結婚，甚至萌生離婚的念頭。

　　回憶兩人結婚時度蜜月的浪漫，就像當初剛認識時的甜蜜，進森同意佳芬婚前的期望「不要跟公婆住」，度蜜月回來兩人一起在外租房子，展開小倆口的新婚生活。後

來佳芬接連生了兩個孩子，為了全心照顧孩子，請了三年的育嬰假，也因擔心半夜孩子會吵到老公，而與他分房睡，兩人的性生活起了一些衝突。對於過年要回誰的家也有爭執，進森認為依習俗佳芬應該跟他回婆家；但佳芬認為，在兩性平等的時代，這是不合理的習俗，已婚的女兒有權決定回自己的父母家。等孩子開始上學，不同教養觀念以及進森在科技業擔任研發工作，經常需要加班，無法陪伴參與孩子的成長，口角越發頻繁。身為家中長子的進森，從小就在母親悉心照顧下長大，對母親的依戀也較深，亦努力打拚事業做弟妹的榜樣。身為家中么女的佳芬，是父母唯一的掌上明珠，從小受到公主般無微不至的呵護。長大後的佳芬期待找到一位像她父母一樣懂她、愛她的伴侶，她相信如果另一半真正愛她，「我有什麼需要，不用開口，他應該知道；如果還要我講出來，就代表他不是真正愛我」。面對彼此婚姻生活無法化解的差異，兩人也有了默契，選擇不把內心的真心話說出來，避免更大的衝突，這樣表面上的相安無事也過了二十年。

直到這次，進森的父親過世，母親需要人照顧，剛好孩子讀大學住學校宿舍，家中有多餘的空房，進森希望能接母親同住就近照顧。進森特別找一個佳芬情緒不錯的時間點，跟她討論。進森用職場慣常的表達方式說：「我是家中長子，有負起照顧母親的責任，我想把我媽接過來一起住。」進森這個決定似乎踩到佳芬內心的情緒地雷，只驚見她情緒暴怒地不停抱怨與不滿的說：「我為這個家做牛做馬，為什麼你都沒有關心我內在的感受呢？這次我決定做自己，如果你接你母親住到我們家，那我自己一個人搬出去！」這次的衝突後，進森好像一位不小心犯錯受挨罵的小孩，無法理解當初佳芬不就是欣賞他能理性思考又負責任的特質嗎？步入中年的進森生活失去動力，對工作與家庭早無熱情，甚至考慮提早退休及離婚……。

爲何要結婚呢？
婚姻是「保障」還是「束縛」？

　　曾讓學生進行一場「是否要結婚」的辯論賽，支持要結婚的一方所持的觀點是：結婚可獲得法律的「保障」，有伴一起分擔家務、生活開銷，一起養育兒女，患難與共，疾病相扶持。主張不結婚的一方所持的觀點是：結婚是一種「束縛」，而且那些結婚的「好處」，若是同居也同樣可以獲得，還可獲得更單純的幸福。因為在華人社會裡，婚姻是兩個家族的事，牽扯太多複雜、不必要的人際關係，和一大堆的法律責任，反而讓彼此的愛情變質。因此主張：不結婚，自由較大，責任較小。不甘示弱主張要結婚的正方也立即提出質疑：所以

你們並不想對彼此的關係負責嗎？主張不要結婚的反方也立即澄清：錯，我們想對彼此負責，但不想被法律拘束。正方：那一方出軌怎麼辦？小孩怎麼辦？反方：這些問題在婚姻中一樣會發生，況且現在通姦已除罪，頂多只有民事賠償。正方：民事賠償總比什麼保障都沒有來得好啊！反方：但婚姻無法保障愛情，反而限縮個人發展和自由。

由於立場的不同，對同樣一件事物的觀點可以是完全相反：贊成要結婚者，看到結婚是一種「保障」；反之，不婚者卻看見結婚是一種「束縛」。事實上，婚姻是人類社會為解決「交配權」、「財產繼承權」及「繁殖下一代」所發展形成的一種社會制度。不同的社會文化，其婚姻制度不同（如一夫一妻、一夫多妻、走婚制……等）。任何一種社會制度本身都不可能是完美的，也無法適合每一個人的需求。因此，如果只從婚姻制度本身的優缺點去探究人為何要結婚這個問題，恐怕很難獲得真相。想探究人為何要結婚，我們必須跳出對婚姻制度優缺點的比較，單從「愛情」本身為主體來探究。

人類的婚姻制度是如何形成的呢？後來又如何發展為以「愛情」為基礎的婚姻呢？大家想像一下，好幾百萬年前人類由猿進化成人的初期（三分像人，七分似猿），在性關

係上沒有任何的禁忌，是一種自然的性行為，這時還沒有婚姻制度，跟動物一樣「雜交」。後來因發現近親繁殖的問題，以及開始用火及石器後，生產需要技術，年長者比年幼者技術強，而有長幼觀念，所以禁止父母輩與子女輩的性關係，是一種「血緣婚」（此為第一階段的婚姻制度）。緊接著禁止兄妹之間的亂交，只允許不同部落的人發生性行為，這種婚姻狀態稱之為「族外群婚」（此為第二階段的婚姻制度）。再來，因為群婚仍無法有效避免近親給後代帶來的不良影響，而又發展到「在一個階段時間裡只有一個相對固定的性關係對象」，稱為「對偶婚」（此為第三階段的婚姻制度）。對偶婚的優點是可以知道孩子的爸爸是誰，但仍無法有效避免近親繁殖。直到大約在 6,500 多年前，相傳中國古代的伏羲氏給每個部落一個姓氏，並制定婚嫁制度，才讓文明社會得以有效發展。婚姻制度發展到第四階段就是「一夫一妻制」，即禁止同時多偶，只能是一對一的固定配對。

沒有愛情的婚姻是不道德的，婚姻制度雖然使得人類高度社會化，並發展出高度文明，但當時的婚姻是一種為社會安定發展所需，由父母決定的「安排婚姻」。這樣的婚姻關係無關乎愛情，一切以個人生存需求、穩定的家庭關係為考量，因此也與社會階級、經濟安穩及政治權宜的考慮息息

相關。隨著社會發展與民主思潮，1903 年瑞典的女性思想家愛倫凱出版《戀愛與結婚》，反思傳統「包辦婚姻」並無法增進人們的幸福，而是對個人是一種壓迫，因此強調戀愛與婚姻的緊密連結，倡導「戀愛的自由」才是穩定婚姻關係及生育繁殖的基礎。自由戀愛結婚的解放思潮從歐洲傳到東亞，近代中國新文化運動的知識分子開始倡導「自由戀愛」，其中最具代表的就是徐志摩。徐對愛情與婚姻的觀點是：「戀愛和婚姻是人生唯一的要緊事，這戀愛是大事情，是難事情，是關生死超生死的事情，戀愛是生命的中心與精華；戀愛的成功是生命的成功，戀愛的失敗是生命的失敗，這是不容疑義的。」因此，人為何要結婚呢？婚禮只是幾分鐘，但經營婚姻卻需要用一輩子的時間。因此，我們不應為結婚而結婚，也不希望被迫進入婚姻；應是基於願意在婚姻生活中去實踐彼此的愛情，以協助彼此心靈的進化，完成生命的「自性化」。

愛情源於潛意識
卻在意識裡
被完成愛情的自性化原理

為何愛情的實踐必須要進入婚姻呢？這是一個無法用科學來獲得圓滿說明的議題，只能回歸生命本身以獲得理解，例如：蝴蝶的一生必須經過卵→幼蟲→蛹→成蟲四個階段的成長，才算完成一生。生物學家只能透過觀察研究，去了解蝴蝶蛻變會經歷怎樣的過程等細節知識，卻無法回答：「為何蝴蝶的一生必須經歷這四個階段的蛻變。」愛情本質上是生命的課題，徐志摩說：「愛情是整個生命最重要的大事情。」人為何要活著，活著有何價值意義呢？這是每個人遲早會對自己生命的提問，並用這一生去實踐，給出自己滿意的答案。分析

心理學家榮格認為，人活著就是為了完成生命的「自性化」（individuation）。而所謂的自性化是指「一個人最終要成為他自己，成為一種整合、不可分割、獨一無二、無可取代的存在」。而且在榮格的觀念中，愛情與婚姻的本質就是一種「修煉」，透過經歷層層關卡完成生命的「自性化」。一開始讀到榮格的這觀點，個人有點訝異，完成生命的自性化怎麼可能是愛情婚姻，而不是成就對人類做出貢獻等大事呢？後來再細讀榮格的論點，以及個人經歷工作、事業、愛情、婚姻家庭……已到中年即將邁入老年之時，回顧整理這一生的經歷，去定義自己過往生命的價值，似乎越來越能理解榮格的觀點。此外，自性化是指一個人最終要成為「他自己」，而這裡的自己是指哪一個層次的自己呢？台大哲學系傅佩榮教授指出：當每個人自我反思，自我有三個層次：（1）**外在形象**。由別人眼光所見的自我綜合而成；（2）**內在的主觀認定**。這種認定會受到他人的影響，是「自以為是」的成分；（3）**心靈深處的自我**。這個自我與別人有相通的能力，甚至與宇宙萬物產生共鳴。個人認為：自性化所要成為的自己，是指第三層次心靈深處的自我。

「愛情」是一個生命吸引另一個生命，一個生命想透過相愛去開發彼此的生命、融為一體，完成生命的「圓滿合

一」。相愛的兩人到底要從愛情中獲得什麼呢？事實上，你的另一半就是你的「潛意識」，愛情是一種「完整之我」的自我追尋過程，不是要找一個「完美的人」，而是要用「完美的眼光」找到一個「不完美的人」，他願意跟你攜手一輩子，讓你發現「完整的我」。要如何走通愛情這條路，協助彼此發現「完整的我」呢？這就是愛情的自性化原理。當愛情進入婚姻後，大多數人會期待彼此從此過著「幸福」的日子；事實上，進入婚姻的親密關係與談戀愛時一樣，都必須再度經歷「浪漫期、權力衝突期、整合期、承諾期、共同創造期」等五個親密關係發展歷程。《小王子》這本書指出：「所有的大人都曾經是孩子，卻很少人記得這點」，轉化為心理學的用詞可以說每個成年人心裡仍存在著「內在小孩」，為何我們會有內在小孩呢？這是我們成長過程中不被滿足的愛與匱乏，是我們內心中等待用愛來照亮的「情緒陰影」。故事中的進森與佳芬在剛結婚時的甜蜜「浪漫期」，兩人搬離父母家，共築新家庭對未來充滿憧憬，洋溢著愛情的幸福。但隨著小孩的出生及工作的忙碌，彼此對教養小孩、性生活及婚姻家庭生活期待的差異，不斷產生爭執，此時婚姻進入「權力衝突期」。婚姻所面臨的權力衝突期與談戀愛不同的是，雙方在一般人際關係中不會暴露出來的「內在小孩」的各種創傷，正開始慢慢顯現。也就是說，當一個

人的內在小孩覺得雙方關係已進入更親密的婚姻時，內心就想通過這關係來修復童年的創傷。這是一個無意識的過程，夫妻關係在這個階段將會面臨更多的挑戰。這也是為何進森與佳芬這對夫妻在步入中年後，會逐漸發現很多以前可以容忍、沒有察覺的問題，現在卻一一浮現。此外，當婚姻關係進入「整合期」時，進森與佳芬選擇不把真心話說出來，導致對愛情滿意度逐漸下降。最後因進森希望接母親來住的事件，引爆佳芬的情緒地雷，釀成更大的衝突，頓時彼此對婚姻的期待完全幻滅。若時光能倒流，在面臨婚姻的權力衝突期時能察覺問題，則雙方的創傷在親密關係中可能被逐漸修復了，關係得以繼續往前走。否則，很可能導致二次創傷。

愛情源於潛意識卻在意識裡被完成。進森與佳芬如何面對婚姻生活衝突所帶來的痛苦，順利通過試煉呢？可行的辦法是要了解並遵循「愛情的自性化原理」。也就是，此時進森與佳芬雙方若能體悟到，愛情的發生是一種「投射」，愛上的是對方身上的另一個自己（也就是自己心靈深處被壓抑的影子人格）；彼此真正做到「放下」要求對方成為自己完美另一半的幻想（也就是愛情的「收回投射原理」），區分被投射的理想情人的意象與實際伴侶不同，不要把問題歸因於另一半你看不順眼的習慣與個性，將注意力專注在自己

「顯性」與「隱性」人格的整合，覺察被自己壓抑的影子人格；透過真誠溝通與對話，理解接納彼此差異，並轉化創造的挑戰，不要去爭執或分辨誰對誰錯，而是學習「真誠的交心」，重新整合到我們自己的整體人格當中。以上所述正是本書要闡述的愛情五個原理。

愛情與婚姻的本質是一種「修煉」，需要經歷層層關卡（因為自性化的發生得經歷痛苦的意識喚醒），才能完成人格統整與心靈發展的生命「自性化」歷程（就如同蝴蝶必須經歷四階段蛻變，才能破繭而出，成為美麗的蝴蝶，完成其生命的歷程）。這整個過程一開始的啟動是「潛意識」的投射，但最後需透過「意識」的覺醒與學習，來照亮被你壓抑的影子人格，完成整合意識與潛意識的人格統整與心靈發展的自性化歷程（也就是自己「顯性」與「隱性」人格的整合）。

愛情是一場自性化的冒險旅程
實現愛情
才能體驗到真正的愛與幸福

　　神話學大師坎伯（Joseph Campbell）在其相關著作提到：「自性化」的歷程就如同一個「英雄的旅程」，是一個心靈等待被開啟的歷程。英雄有千百種面貌，不只是前往森林去屠龍或去外太空拯救人類這些「向外」的冒險旅程，也可以是與人建立親密關係的一場「內省之旅」。因此，英雄不只存在於故事中，你我也都能夠完成屬於我們自己的歷險，成為自己人生故事的英雄。其中，透過愛情與婚姻來完成生命的自性化，可說是人們普遍會受到心靈深處集體潛意識對愛情的「召喚」——即想開發彼此的生命，跟另一個生命融合為一體。

首先需要雙方都願意打開心靈深處塵封已久的另一個自己，這是一項冒險旅程，可能有兩個結果——自我毀滅或重生。例如：對方生命因曾受到創傷或心理自我防衛等因素，無法真誠打開，導致無法融合而造成「自我毀滅」；當然若能完成融合為一體則是彼此生命的「重生」。個人希望把愛情自性化的設計原理拆解清楚，相信當更多人理解這設計原理，願意去聆聽內在「自性」的聲音，將會更清楚如何經營愛情與婚姻，以提高愛情自性化冒險旅程的成功機率，獲得真正的愛與幸福。

愛情的終極目標是完成個人生命的「自性化」，而所有的「英雄的旅程」都將經歷「啟程→啟蒙→回歸」等三階段的心靈之旅。過程中，會遭受種種的困難與考驗，讓英雄生不如死，甚至打消繼續前進的念頭。然而，在快要放棄的時刻，神奇的人事物出現，帶領英雄繼續度過難關。愛情自性化冒險旅程一開始的「啟程」階段，便是受到彼此內在「阿尼瑪」與「阿尼姆斯」的召喚，「脫離」對父母的依戀（揮別戀母情結、戀父情結），離開安全的舒適圈，選擇跟另一個生命談戀愛，展開愛情的冒險之旅。愛情與婚姻是不可能一帆風順、毫無危機的，這時冒險旅程很自然會進入「啟蒙」階段。在啟蒙階段中經歷考驗，就如進森與佳芬歷經十年的

磨合與考驗，彼此個性互補（進森是「分析型」、佳芬是「感覺型」），價值觀相似，理應是適配的一對。但進入夫妻關係後，接連面對難度更高、更複雜的進階關卡（如婆媳問題、家庭與工作難以兼顧、性生活不協調，與孩子教養觀念的差異……），這些都是在談戀愛時未遇過的情境問題。當面臨更多的衝突、不滿與失落時，就會開始質疑在婚姻生活中一再退讓是否值得呢？特別在目前社會倡導人們要跳脫婚姻的牢籠，選擇做自己的外在價值催化下，更讓原本以忍讓來期待婚姻幸福美滿的人產生信念衝突。榮格說：「如果沒有痛苦，就沒有意識的產生。」就愛情自性化的設計原理而言，婚姻危機的發生讓我們有機會去反思對愛情與親密關係的迷思；再者，此原理是要活出自己的獨特性，因此婚姻危機的化解不能依循別人走過的路。此外，即使有朋友或婚姻諮商人員適時提供協助與指引，終究要靠自己去體驗與覺悟，至為關鍵的是需要我們有勇氣面對內心對愛情的恐懼感與陰暗面。

我們要從愛情獲得什麼呢？「自性化」是愛情的終極目標，「愛」是愛情的主體，「婚姻」是愛的人間結構。我們最終是否能完成愛情冒險旅程，踏上英雄旅程的回歸之路呢？跨越回歸之路的門檻是：當我們面對婚姻危機時，能否

安靜下來聆聽「自性」的聲音，勇敢真誠地面對內心對愛情的恐懼感與陰暗面。誠如坎伯的名言：「你最不敢踏足的洞穴中，就藏著你所尋找的寶藏。」只要勇敢面對心中陰影，我們都是「英雄」！愛情的恐懼感與陰暗面主要有兩個觀點：「我不值得被愛」與「我不夠好」。這兩個觀點會一直糾纏、影響我們彼此真誠的相愛。例如：你覺得自己是「不值得被愛」的人，因恐懼對方不愛或拋棄我，你就會在親密關係中用討好的方式，無法有效溝通，時間久了，就會覺得委屈自己，進而心生不滿感到不公平，形成更多防衛機制與執著的愛。而人之所以普遍會有這兩個觀點，來自於內心愛的匱乏感、渴望被愛的內在小孩，若進一步剖析：人內心渴望被愛來自哪裡呢？答案是來自心靈深處生命的本質，也就是「自性」（Self）。

「自性」就是真正的我。根據科學宇宙的起源「大霹靂」的觀點，我們都是 138 億年前來自「奇點」這個高能量爆炸後，逐漸從物質然後意識等進化而來，因此，理論上所有人都是相通的，都來自相同的創造源頭。我們原本都是完整的個體（也就是「自性」），出生之後經社會化，性格在表現程度上有顯隱之分，這也形成情侶間兩個生命相互吸引，其最終目的就是跟對方學習，來開發彼此的生命，恢復生命的

完整。依據影子人格理論，愛情最終目的就是要完成「阿尼瑪」與「阿尼姆斯」的整合。「阿尼瑪」是男人心中的女性原型，必須要透過投射，才能將內在女性原型具體化；反之，「阿尼姆斯」是女人心中的男性原型，同樣必須要透過投射，才能將內在男性原型具體化。情侶間的愛情發動就是來自於彼此「阿尼瑪」與「阿尼姆斯」的投射，而投射本身代表你本來就有（也就是自性），只是不明顯、不具體（是一種匱乏，所以展開愛情追求）。一旦愛情發生，這種投射的功能就像「鏡子」，可以透過了解你的愛人來發現隱藏在內心中的自己。因此，成熟的愛不是依賴，也不是要求對方成為你理想情人；而是以好奇的態度去探索認識你的愛人——這個活潑具體的生命，接納對方的優缺點，進而「回歸」自己心靈深處「顯性」與「隱性」人格的整合，也就是「阿尼瑪」與「阿尼姆斯」之整合，恢復人的完整性，找到「真正的自己」／自性，這整個歷程就是「自性化」。此時，你的內心不再有匱乏感，生命具有「愛」的能量，可以勇敢的化解「我不值得被愛」與「我不夠好」的恐懼感與陰暗面。

最後，愛情進入婚姻關係的真正意義是：承諾自己將走入心靈人格成長的道路上，並支持伴侶共同追求心靈人格的成長。也就是，透過彼此在長期穩定的關係中去實踐愛，做

一個成熟完整的人。當你能覺醒不是因為害怕缺乏愛而緊抓住伴侶，要對方來填滿你，便會開始體會要真正愛自己、做一位獨立成熟、有愛人能力的人，便能有「真實的自尊」，有真正的自我價值感。自由地依照自己的真實來生活，並能自由主動無私去愛對方，協助伴侶實現他的夢想和目標。

「愛情」是一種高度的心靈活動，是人性最後的奧祕，是一生最浪漫的修煉。「愛」應是愛情的主體，拜人類社會文明與科技的進化所賜，讓現在的人們可以不必為生存而結婚，也不必為結婚而結婚，而是選擇為實踐彼此的愛情而結婚，以完成每個人生命的「自性化」。當然，想在婚姻家庭生活中經營，除了需要夫妻雙方攜手合力朝向圓滿合一的愛情理想外，也需要社會的支持力量，例如：雙方家長的支持、政府的婚姻與家庭政策等等，但這不在本書的討論範圍內了。

想愛好難，你該怎麼辦？

拆解愛情，跟著專家上一堂超人氣「愛情學」

作　　者	高松景	
責任編輯	陳姿穎	
內頁設計	江麗姿	
封面設計	任宥騰	
行銷企劃	辛政遠、楊惠潔	

總 編 輯　姚蜀芸
副 社 長　黃錫鉉
總 經 理　吳濱伶
發 行 人　何飛鵬

出　　版　創意市集

發　　行　英屬蓋曼群島商家庭傳媒
　　　　　股份有限公司城邦分公司
　　　　　歡迎光臨城邦讀書花園
　　　　　網址：www.cite.com.tw

香港發行所　城邦（香港）出版集團有限公司
　　　　　　香港灣仔駱克道 193 號東超商業中心 1 樓
　　　　　　電話：（852）25086231
　　　　　　傳真：（852）25789337
　　　　　　E-mail：hkcite@biznetvigator.com
馬新發行所　城邦（馬新）出版集團
　　　　　　41, Jalan Radin Anum, Bandar Baru Sri
　　　　　　Petaling, 57000 Kuala Lumpur, Malaysia.
　　　　　　電話：（603）90563833
　　　　　　傳真：（603）90576622
　　　　　　E-mail：services@cite.my

展售門市　台北市民生東路二段 141 號 7 樓
製版印刷　凱林彩印股份有限公司
初版 5 刷　2024 年 8 月
Ｉ Ｓ Ｂ Ｎ　978-626-7336-14-4
定　　價／380 元

客戶服務中心

地址：10483 台北市中山區民生東路二段 141 號 B1
服務電話：（02）2500-7718、（02）2500-7719
服務時間：周一至周五 9：30 ～ 18：00
24 小時傳真專線：（02）2500-1990 ～ 3
E-mail：service@readingclub.com.tw

若書籍外觀有破損、缺頁、裝釘錯誤等不完整現
象，想要換書、退書，或您有大量購書的需求服
務，都請與客服中心聯繫。

國家圖書館出版品預行編目（CIP）資料

想愛好難，你該怎麼辦？拆解愛情，跟著專家上
一堂超人氣「愛情學」/高松景著. -- 初版. -- 臺
北市：創意市集出版：英屬蓋曼群島商家庭傳媒股
份有限公司城邦分公司發行, 2023.08
　　面；　公分

　　ISBN 978-626-7336-14-4(平裝)

　　1.CST: 戀愛 2.CST: 兩性關係

544.37　　　　　　　　　　　　　　112009994